高等职业教育AI赋能系列教材

职业实践指南

AI赋能版

- 主　编　唐　伟　高　俊　颜　婧
- 副主编　刘梦辉　吕怡然　芦大鹏　罗　婕
- 参　编　李时珍　潘小玲　邓铭锦　黎梦妮　吴宛昀

机械工业出版社
CHINA MACHINE PRESS

本书以《中华人民共和国职业分类大典（2022年版）》为依据，以企业岗位体验为主线，设置了12个职业体验项目，包括商业摄影师、电子商务师、互联网营销师、连锁经营管理师、仓储管理员、供应链管理师、无人机驾驶员、客户服务管理员、商务数据分析师、数字化解决方案设计师、人工智能训练师和企业人力资源管理师。通过上述项目的学习，实现"教—学—做—评"一体化，有效提升高职院校各专业学生的职业素养和学习兴趣。

本书可作为高等职业院校学生职业实践的通用教材，也可作为职业技能培训机构的实训指导用书，为社会人员在职业转型期间补充 AI 技能、适应智能化岗位要求提供支撑。

本书配有音频，读者扫码即可学习。为方便教师教学，本书配有电子课件等教学资源，凡使用本书作为教材的教师可登录机械工业出版社教育服务网（www.cmpedu.com）免费注册下载。咨询电话：88379375。

图书在版编目（CIP）数据

职业实践指南：AI赋能版 / 唐伟，高俊，颜婧主编.
北京：机械工业出版社，2025.8. -- ISBN 978-7-111-79300-7

Ⅰ．C975-62

中国国家版本馆CIP数据核字第202551GS37号

机械工业出版社（北京市百万庄大街22号 邮政编码100037）
策划编辑：杨晓昱　　　　　责任编辑：杨晓昱　饶雯婧
责任校对：张　征　王　延　封面设计：马精明
责任印制：单爱军
北京联兴盛业印刷股份有限公司印刷
2025年9月第1版第1次印刷
184mm×260mm・10.5印张・201千字
标准书号：ISBN 978-7-111-79300-7
定价：49.80元

电话服务　　　　　　　　　　网络服务
客服电话：010-88361066　　　机　工　官　网：www.cmpbook.com
　　　　　010-88379833　　　机　工　官　博：weibo.com/cmp1952
　　　　　010-68326294　　　金　书　网：www.golden-book.com
封底无防伪标均为盗版　　机工教育服务网：www.cmpedu.com

前　言

人工智能、云计算、大数据、物联网等前沿技术的快速发展，正给职业领域带来明显变化。一方面，技术进步催生了数据分析师、算法工程师、人工智能训练师等新兴职业，为就业市场增添了新的选择；另一方面，自动化系统与智能机器人的应用，使部分传统职业面临调整与转型的需求。在此情况下，高职院校学生需要形成技术与职业相融合的认知，既要把握新技术带来的就业机会，也要积极应对传统职业转型带来的挑战。

本书以《中华人民共和国职业分类大典（2022年版）》为参考，以企业岗位体验为主线，设置了12个职业体验项目，包括商业摄影师、电子商务师、互联网营销师、连锁经营管理师、仓储管理员、供应链管理师、无人机驾驶员、客户服务管理员、商务数据分析师、数字化解决方案设计师、人工智能训练师和企业人力资源管理师，旨在帮助学生实现专业能力与AI素养的共同提升。

本书的主要特点如下：

1. 项目化教学。本书关注行业发展动态，引入真实项目，将专业知识与实际场景相结合，有助于提升学生的实践能力和问题解决能力。

2. 课程思政融合。构建"专业教育＋品德塑造"的育人模式，在课程中合理融入思政元素，强化学生的职业伦理认知与团队协作素养，实现知识传授与价值引领的协同。

3. AI赋能教学。本书秉持"AI知识赋能做中学"的理念，将人工智能、大数据等新技术融入教学过程，内容围绕12个项目、31个任务展开，实现"教—学—做—评"一体化，有效提升高职院校各专业学生的职业适应力与自主学习能力。

4. 情景化实践。本书依托产教融合平台，对接产业链人才需求标准。通过高仿真实训室，搭建沉浸式工作场景教学环境，促进学生从技能训练向岗位胜任力的过渡，增强学生的就业竞争力。

本书在编写过程中参阅了大量文献资料，在书中无法逐一列出，编者在此表示衷心感谢。由于编者水平有限，书中难免存在不足之处，恳请广大读者批评指正。

编　者

目　录

前言

项目 1

玩转 AI 拍摄——商业摄影师职业体验

任务 1　手机拍摄构图及技巧　　　　　　　　　　　　　　　　　　　002
任务 2　AI 修图实操　　　　　　　　　　　　　　　　　　　　　　　011
实训　为学校及周边地区进行宣传拍摄及后期修图　　　　　　　　　　015

项目 2

抖音图文带货——电子商务师职业体验

任务 1　抖音图文带货的前期准备　　　　　　　　　　　　　　　　　019
任务 2　抖音图文带货实操　　　　　　　　　　　　　　　　　　　　025
实训　为武鸣沃柑进行图文带货　　　　　　　　　　　　　　　　　　029

项目 3

抖音直播——互联网营销师职业体验

任务 1　抖音直播的前期准备　　　　　　　　　　　　　　　　　　　033
任务 2　抖音直播实操　　　　　　　　　　　　　　　　　　　　　　037
实训　为武鸣沃柑进行直播带货　　　　　　　　　　　　　　　　　　047

项目 4

商品陈列——连锁经营管理师职业体验

任务 1　商品陈列的前期准备　　　　　　　　　　　　　　　　　　　051
任务 2　商品陈列实操　　　　　　　　　　　　　　　　　　　　　　054
实训　做一天超市理货员　　　　　　　　　　　　　　　　　　　　　057

项目 5

物资储存保管——仓储管理员职业体验

任务 1	物料标识二维码制作	061
任务 2	货物托盘码放	065
任务 3	物料智能点数	067
实训	仓储管理员技能体验	069

项目 6

企业供应链管控——供应链管理师职业体验

任务 1	供应商背景调查	073
任务 2	供应商准入评分	075
任务 3	供应链配送路线规划	078
实训	武鸣沃柑供应商筛选和供应链路线规划	080

项目 7

无人机航拍——无人机驾驶员职业体验

任务 1	执行航拍任务的前期准备	084
任务 2	执行航拍任务	087
任务 3	航拍素材 AI 智能处理	091
实训	航拍武鸣"三月三"壮乡文化	093

项目 8

客户服务——客户服务管理员职业体验

任务 1	制订客户服务制度规范，开展客户服务培训	097
任务 2	设计和组织客户服务活动	103
任务 3	管理和监督客户服务工作	105
实训	客户服务管理员日常工作体验	108

项目 9

数据分析——商务数据分析师职业体验

任务 1　商务数据处理	112
任务 2　商务数据分析	115
任务 3　图表美化	119
实训　广西壮族自治区对外经济贸易基本情况数据分析	121

项目 10

数字化解决方案呈现——数字化解决方案设计师职业体验

任务 1　数字化需求管理	125
任务 2　数字化解决方案设计与呈现	133
实训　为某公司设计并展示数字化转型方案	137

项目 11

数据标注——人工智能训练师职业体验

任务 1　文本类数据标注	141
任务 2　图像类数据标注	144
任务 3　语音类数据标注	145
实训　体验图片分类识别标注	147

项目 12

企业人员管理——企业人力资源管理师职业体验

任务 1　人力资源组织结构设计	150
任务 2　人员招聘和员工培训	153
任务 3　绩效评价和薪酬管理	156
实训　进行人力资源管理	158

参考文献　　　　　　　　　　　　　　　　　　　　　　　　　　　161

项目 1
玩转 AI 拍摄
——商业摄影师职业体验

《中华人民共和国职业分类大典（2022 年版）》摘录：

4-08-09-01　商业摄影师

使用照相器材、光源和造型技艺，按与顾客确定的方案，拍摄人像、风景、产品及采集生产或生活图像信息的人员。

主要工作任务：

1. 接待顾客，了解需求，制订拍摄方案，与顾客协商、修改、确定拍摄方案；
2. 选择拍摄场景、场地，布置场地、道具、灯光，检查照相器材及相关设备；
3. 按确定的方案，依被摄人物和物品等对象的特征和需求，确定拍摄角度和道具构成画面；
4. 调整照相机等器材，选择光线、造型，确定曝光量；
5. 拍摄人物、风景、物品等；
6. 操作影像后期加工装备，调整、存储并输出影像样片；
7. 向顾客介绍拍摄结果，根据顾客要求修改影像或补拍。

学习目标

知识目标：

- 熟悉手机拍摄的常用构图方式及技巧；
- 掌握 AI 修图的基本操作。

能力目标：

- 能够选用适宜的构图方式进行简单的选景拍摄；
- 能够使用手机 AI 软件进行照片的后期处理。

项目 1 案例音频 | 扫码收听

职业实践指南（AI 赋能版）

素养目标：

- 引导学生建立审美素养；
- 培养学生的艺术兴趣；
- 提高学生的动手能力。

思维导图

本项目的思维导图如图 1-1 所示。

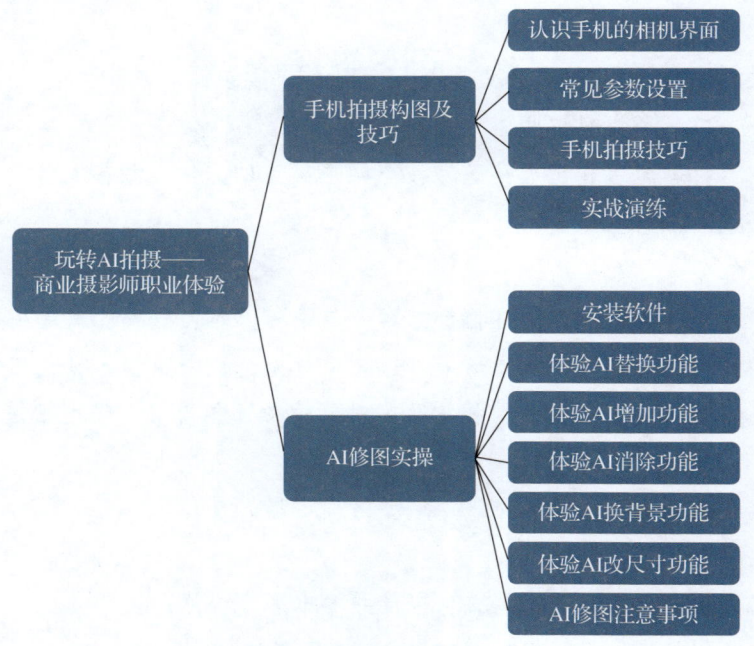

图 1-1　项目 1 思维导图

任务 1　手机拍摄构图及技巧

任务描述

手机由于其便携性，已经成为现代生活中不可或缺的一部分，手机摄影也成为人们记录日常生活、分享美好瞬间的重要手段。随着智能手机摄影功能的不断提升，越来越多的人开始使用手机进行摄影创作。用手机拍照虽然操作简单，但大多数人拍出来的照片质量却不高。本任务旨在帮助大家系统掌握手机摄影的基础知识和实用技巧，对手机拍摄形成整体认知，从而更好地感受影像的魅力，体验手机摄影为生活增添的幸福感。

任务实施

1. 认识手机的相机界面

大多数手机的相机界面设计简洁直观，但不同品牌和型号的手机的相机界面存在一定差异。以安卓系统的手机相机界面为例，打开相机应用后，相应的功能图标和设置选项如图1-2所示。下面介绍主要的功能。

1）取景框：拍摄时观察景物的窗口，也是最终照片的画面范围。在取景框中，可以实时看到景物的样子，以及应用的各种滤镜、特效等效果。

2）快门键：通常位于取景框下方，是拍摄照片的关键按钮。按下快门键即可捕捉当前画面。有些手机还支持长按快门键进行连拍，或者设置定时拍摄。

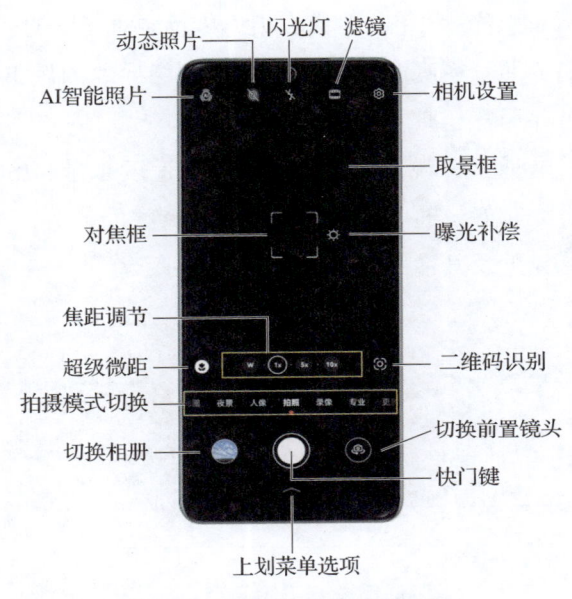

图1-2 安卓系统的手机相机界面

3）拍摄模式切换：相机界面通常预置了多种拍摄模式，包括普通模式、人像模式、风景模式和夜景模式等。每种模式都会针对特定场景进行算法优化，以帮助用户获得更理想的拍摄效果。

4）相机设置：点击相机界面上的"设置"图标，进入相机的详细设置界面。在详细设置界面中可以调整分辨率、白平衡、感光度、快门速度等专业参数，还可以开启或关闭各种辅助功能，如网格线、水平仪等。

2. 常见参数设置

（1）曝光三要素：光圈、快门、感光度

一张照片的呈现，是通过曝光量来实现的。曝光可以理解为成像时光线堆积在照片上的数量。曝光三要素（光圈、快门、感光度）共同决定了照片的明亮程度和曝光是否准确。

光圈是用来控制相机镜头进光量多少的参数，用F表示。光圈越大，F值越小，通过的光线越多，照片越亮，背景虚化效果越好，景深越浅；光圈越小，F值越大，通过的光线越少，照片越暗，背景清晰范围越大。光圈及常用光圈值设置如图1-3a所示。

快门速度决定了相机镜头打开的时间长短，也就是曝光时间。快门速度越快，曝光时间越短，照片越暗，适合捕捉快速运动的物体；快门速度越慢，曝光时间越长，照片越亮，适合创造流动效果，如流水或车流光轨。

感光度（ISO）代表相机传感器对光线的敏感程度。ISO值越大，对光线的敏感度越高，照片越亮，但过大的ISO值会导致图像出现噪点；ISO值越小，对光线的敏感度越低，照片越暗，但画面更加纯净。

通常来说，光圈越大、快门速度越慢、ISO值越大，曝光量就越大。但曝光量不是越大越好，通常需要平衡三个要素之间的关系，让画面既不欠曝也不过曝。光圈、快门、感光度及其常用设置如图1-3所示。

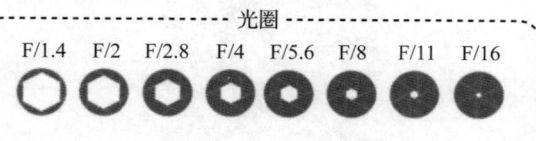

a）光圈

b）快门

c）感光度

图1-3 光圈、快门、感光度及其常用设置

（2）白平衡

白平衡是指不管在任何光源下，都能将白色物体还原为白色。色温是指光线中包含的颜色成分的温度。两者的单位都为K（开尔文）。白平衡是通过调整相机对色温的适应能力，确保在不同光源下白色物体呈现真实白色，而色温是描述光源颜色成分的物理量，两者共同影响照片的色彩还原。在相机设置中，可以手动选择白平衡模式，或让相机自动检测并调整白平衡。色温的纠正和白平衡的调节如图1-4所示。

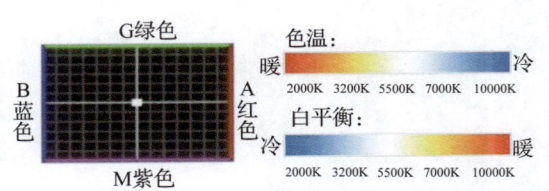

图1-4 色温的纠正和白平衡的调节

（3）分辨率

分辨率决定了照片的精密度和清晰度。一般来说，分辨率越高，照片的细节越丰富，分辨率通常用"横向像素数 × 纵向像素数"表示，如 720p（1280×720）、1080p（1920×1080）和 4K（3840×2160）等。720p 是高清入门标准，适用于中低端手机；1080p 为全高清显示效果，适合日常使用和娱乐；4K 则提供超高清显示效果，细节表现力最强，但对手机性能和配置要求较高。

选择手机拍摄分辨率时，需权衡清晰度（见图 1-5）、存储空间、连拍速度及视频录制能力等因素。日常拍摄可选择手机支持的最高分辨率，以保留更多细节；而对于社交媒体分享或快速记录，中等分辨率往往已足够清晰，还能节省存储空间。

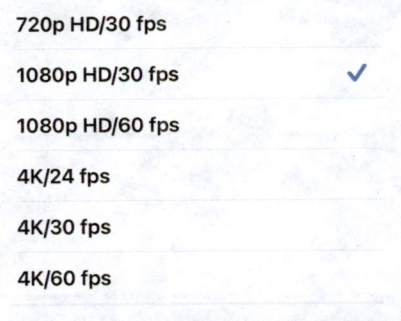

图1-5 手机设置界面中的清晰度选择

（4）对焦

对焦是确保照片清晰度的关键。大多数手机的相机都支持自动对焦功能，可以通过点击取景框中的景物来锁定焦点。有些手机还支持面部识别对焦，优先确保人脸的清晰度。在专业模式下，用户可以手动调整对焦点和焦距（镜头到成像的传感器之间的距离），从而对焦点位置和景深效果实现更精细的控制。此外，多摄像头系统允许手机在不同焦段（焦距范围）间切换，实现广角、标准和长焦拍摄。不同焦段及其适用场景如图 1-6 所示。

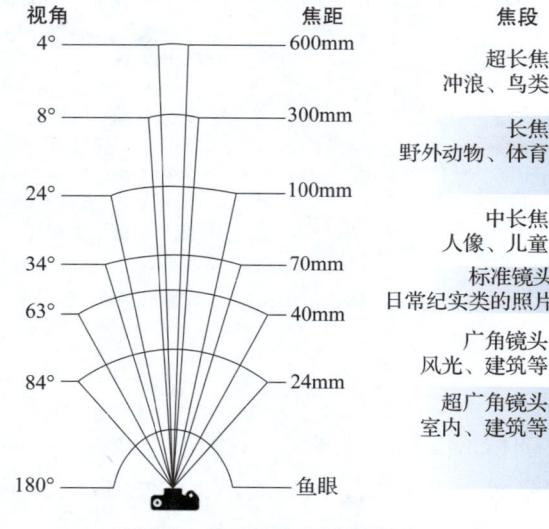

图 1-6 不同焦段及其适用场景

（5）滤镜和特效

许多手机相机应用都内置了多种滤镜和特效，如复古、黑白、HDR 等。可以根据自己的喜好和拍摄风格选择合适的滤镜和特效来增强照片的艺术效果。不同滤镜/特效表达的艺术效果如图 1-7 所示。

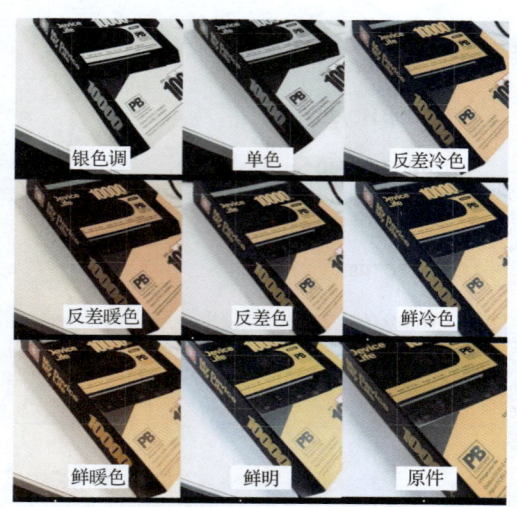

图 1-7 不同滤镜/特效表达的艺术效果

（6）网格线和水平仪

网格线有助于更好地构图和安排画面元素；水平仪则可以确保照片中的水平线和垂

直线保持准确。这些辅助功能在拍摄风景或建筑等需要精确构图的场景中尤为适用，用户可以在相机设置中开启。

3. 手机拍摄技巧

（1）光线是摄影的生命线

优质的光线能提升照片的氛围感，而糟糕的光线则会破坏画面效果。拍摄时应优先选择自然光，当光线不足时，可开启手机 HDR 模式改善拍摄效果。注意避免阳光直射，以免在人物面部形成阴影，此时使用反光板或寻找阴凉处能有效改善光线质量。

（2）保持稳定是拍摄清晰照片的前提

手机拍摄时容易因手抖导致照片模糊，保持稳定是关键。建议采取以下措施：①开启手机防抖功能；②双手持机并贴近身体；③使用三脚架或借助固定物体支撑；④轻触快门避免晃动。

（3）规则构图创造平衡和突出重点

构图是摄影的核心要素，直接影响照片的成败。好的构图能引导视线、突出主题，使照片更具表现力和故事性。拍摄时需注意三点：①遵循构图规则，确保画面元素和谐有序；②避免杂乱，保持视觉焦点；③通过精心设计增强层次感，传达创作意图。常见的构图方式如图 1-8 所示。

1）居中构图（见图 1-8a）：将拍摄主体位于画面中心，凸显主体；适用范围广，适合拍摄单个主体。

2）三分线构图（见图 1-8b）：又称九宫格构图，是指将画面横纵各分成三等分，形成九个相等的部分，构图时将主体或重要元素放置在这些分割线的交点或沿着这些分割线布置。三分线构图用到了黄金分割率，所以拍摄出的画面比例协调，整体生动不呆板。

3）对角线构图（见图 1-8c）：将拍摄主体放置在画面的对角线上，可以让画面有立体感、延伸感和运动感。

4）留白构图（见图 1-8d）：除拍摄主体外，对整个画面进行大面积的留白（不仅仅是纯色背景的填充，还可以是简洁的环境），让图片更有氛围感和意境。

5）三角形构图（见图 1-8e）：将拍摄主体呈三角形（正三角或倒三角）摆放，给人以稳定的感觉。

6）引导线构图（见图 1-8f）：将拍摄主体放置在引导线的汇聚点上，利用引导线的视觉汇聚效果，把观者的视线聚焦在拍摄主体身上，以此来突出主体。

7）框架构图（见图 1-8g）：拍摄时有意识地用"框架"把主体框起来，以此突出主体。"框架"可以是实物框，也可以是光影框等。

8）对称构图（见图1-8h）：让拍摄主体在画面中形成对称关系，适合表现空旷场景或大型主体。这种构图方法具有平衡、稳定、相呼应的特点，拍摄出的画面均匀、协调，整体有庄重宏大的美感。

9）前景构图（见图1-8i）：拍摄时有意识地在主体前加一个前景，把对焦点放在主体身上，借用大光圈，将前景虚化，通过虚实对比突出拍摄主体。

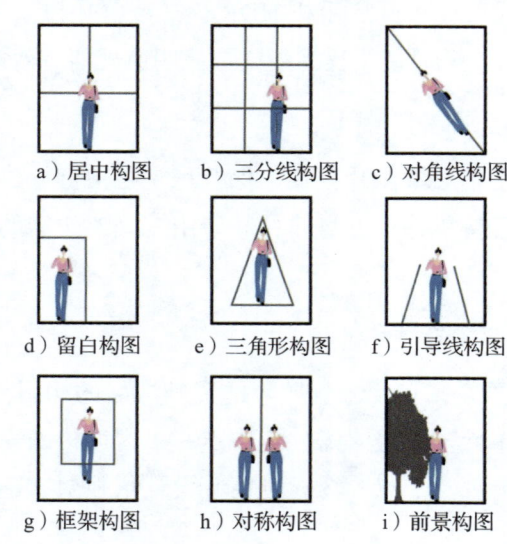

图1-8　常见的构图方式

（4）使用AI拍照功能自动优化拍照效果

手机AI拍照功能是指通过人工智能技术（AI）来优化和改进手机相机的拍照效果。AI拍照能够自动识别拍摄对象和场景，并据此调整相机的各项参数，以获得更好的拍摄效果。其主要功能为：

1）自动场景识别：自动识别不同的拍摄场景，如风景、人物、夜景、美食、动物等。例如，拍摄风景时，自动调整色彩饱和度和对比度，使天空更蓝、植被更绿；拍摄人物时，自动优化人物肤色，增强面部锐度，使五官更加清晰立体。

2）智能参数调整：根据不同场景，自动优化相机的感光度、快门速度、白平衡等参数，以确保最佳拍摄效果。例如，在夜景拍摄中，自动提高感光度，降低快门速度，保证照片明亮清晰，减少噪点。

3）人像拍摄增强：包括美颜功能和人像虚化。美颜功能可以自动识别面部特征，进行磨皮、祛痘、美白等处理，但同时保留自然纹理；人像虚化则通过AI技术精准识别人物主体和背景，实现背景虚化效果，突出人物主体。

4）动态抓拍：预判人物的动作和表情，在最佳时机自动按下快门，捕捉到最自然、最精彩的瞬间，适合拍摄运动中的人物或宠物等难以配合的拍摄对象。

5）物体识别与辅助：可以识别照片中的各种物体，并提供相关信息和建议。例如，拍摄花卉时，不仅能优化花朵的色彩和细节，还能识别花卉种类，并提供相关科普信息。

4. 实战演练

（1）简化拍摄背景

为了拍出一张好的照片，一个画面中应该只突出一个主体，其他无关因素通过减法原则尽量去除，简化背景。下面介绍两种简化拍摄背景的方法。

方法1：通过改变拍摄的方向，寻找简单的墙面或平面作为背景。也就是说，手持手机围绕主体缓慢旋转，观察哪个位置和方向的背景更加简洁，再进行拍摄，改变拍摄方向的前后对比如图1-9所示。

方法2：通过改变高低视角，找到简洁的背景。可以尝试以下两种视角：①俯拍时，利用地面、水面或草地作为背景；②仰拍时，以天空为背景。如图1-10所示，降低镜头高度拍摄花朵，以纯净天空为背景，画面立刻变得简洁大气。

　　a）原图杂乱　　b）旋转方向实现背景简化

图1-9　改变拍摄方向的前后对比　　　　图1-10　以天空为背景拍摄户外的花朵

（2）对称构图拍摄

对称构图以轴线为基准，使画面两侧的元素在形状、大小、色彩和质感上形成镜像或反转关系。这种构图既适用于自然景观（如平静的湖面、对称的树木），也常见于人造结构（如桥梁、建筑）。下面以建筑摄影为例介绍对称构图拍摄。

步骤1：默认情况下，苹果手机未开启参考线功能，若需开启，操作步骤如下：依次打开"设置"→"相机"→"构图"，在"构图"菜单中，第一个选项为"网格"，点击开启该选项。

安卓手机开启参考线的操作如下：在相机界面中，点击右上角"设置"→"通用"→"参考线",点击开启该选项。

此时返回相机界面,画面中将显示四条参考线,形成九宫格样式。有无参考线的相机界面对比如图1-11所示。

步骤2: 以相机界面中间的两条竖线作为参考,观察画面中的建筑是否平行或重叠于参考线。拍摄时经常会出现地平线不平或建筑倾斜的情况,这主要是因为拍摄角度不对或是手机镜头产生了畸变。

步骤3: 调整相机的位置和角度,将对焦点(参考线的中心点)对准建筑的对称轴,将对焦点沿着对称轴移动到画面构图和谐的位置。

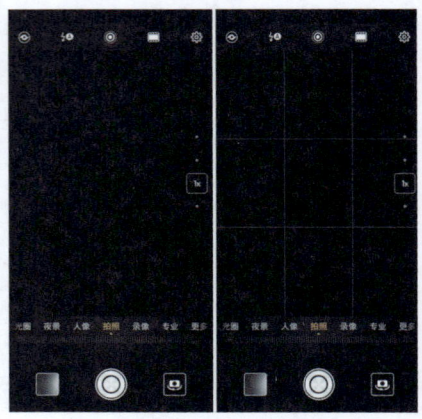

a)无参考线　　b)有参考线

图1-11　有无参考线的相机界面对比

步骤4: 一般而言,使用广角镜头拍摄,画面才可能容纳整个建筑,但由此可能会产生镜头畸变、画面变形。因此,最好将建筑放在两条横向/竖向参考线的中间位置上,这样可以有效避免建筑"头重脚轻"(部分建筑在画面的上1/3处)或"头轻脚重"(部分建筑在画面的下1/3处)。

步骤5: 在拍摄之前,再次确认对称轴位于画面的正中央,仔细观察画面中的所有元素,以使画面中的线条、形状和颜色达到最佳的对称效果。

步骤6: 拍摄时可以尝试不同的曝光和焦点设置,然后点击"拍摄"按钮。

高阶小技巧: 寻找并利用场景中的自然对称元素,如反射水面、玻璃幕墙、对称的植物等,可以增强画面的对称感,使构图更加引人注目。如图1-12所示,以塔尖为参照物,塔尖所在的垂直于地面的直线即为建筑的对称轴,微调确认画面中的所有元素都关于该对称轴对称后点击"拍摄"。图1-13所示为夜景特色灯展结合反射水面形成对称的拍摄效果。

图1-12　对称构图拍摄

图1-13　夜景特色灯展结合反射水面形成对称

任务 2 AI 修图实操

任务描述

人工智能技术的快速发展，正在显著改变手机修图的方式和体验。通过深度学习算法，AI 技术可以自动识别照片中噪点、模糊等问题，并进行智能修复和优化，从而提升照片的清晰度。此外，AI 还支持一键美颜、智能换装、背景替换等功能。本任务旨在帮助大家体验 AI 修图的强大功能，掌握实用技巧，实现创意表达。

任务实施

1. 安装软件

在开始手机 AI 修图之前，选择合适的修图应用至关重要。以美图秀秀、醒图等为代表的 App 较受欢迎。本次任务以安装"炫图 AI"App 为例进行介绍。

> **知识链接**
>
> **"炫图 AI"App**
>
> "炫图 AI"App 是一款操作简单、功能强大的智能修图应用，集修图、改图、生图于一体，提供 100 多种照片风格滤镜和数十种照片 AI 处理功能。
>
> 【AI 增加】一键操作，轻松在图片上增加任何物体。
>
> 【AI 替换】个性化微调，想调哪里调哪里。
>
> 【AI 消除】一键点选 / 涂抹，精准删除多余的物体。
>
> 【AI 抠图】一键轻松抠图，任何物体或人物轻松抠除。
>
> 【AI 换背景】给物体或人物更换背景。
>
> 【一键高清】照片不清晰，一键变高清。
>
> 【一键扩图】照片尺寸不合适，一键轻松自动扩图。
>
> ……

步骤 1：在手机的应用市场中搜索"炫图 AI"，下载并安装"炫图 AI"App。

步骤 2：点击"炫图 AI"App，进入操作界面。

2. 体验 AI 替换功能

AI 替换功能是指利用人工智能技术实现图像中特定物体或人物的智能识别和替换。

步骤 1：在操作界面点击"AI 替换"，导入图片。

步骤 2：选择图片中需要替换的对象，AI 能自动识别目标区域的轮廓和特征，用户也可手动涂抹想要替换的区域。

步骤3：选定区域后，在输入框中输入要替换的内容，AI会将其与软件库中提供的其他图片或素材进行匹配替换。

步骤4：耐心等待AI的处理，AI会自动优化新素材的尺寸、颜色和透视等，以呈现自然的融合效果。

以替换职业照中的服饰为例，将灰色西装替换成格子衬衫的步骤如图1-14所示。

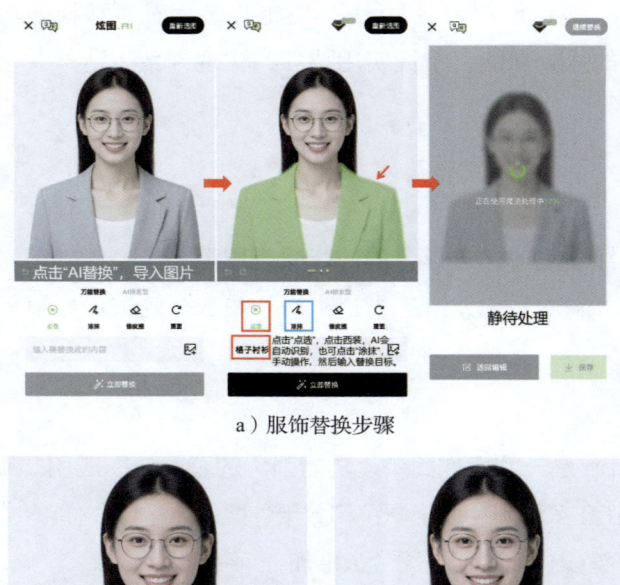

a）服饰替换步骤

b）服饰替换前后对比

图1-14　使用AI替换功能替换服饰

3. 体验AI增加功能

AI增加功能是指利用人工智能技术将指定素材增加到图像的指定区域。

步骤1：在操作界面点击"AI增加"，导入图片。

步骤2：选择需要增加素材的区域，建议根据素材本身的轮廓和特征进行大致的手动涂抹。

步骤3：选定区域后，在输入框中输入想要增加的素材，AI会将其与软件库中提供的其他图片或素材进行匹配增加。

以给人物增加草帽为例，如图1-15所示。

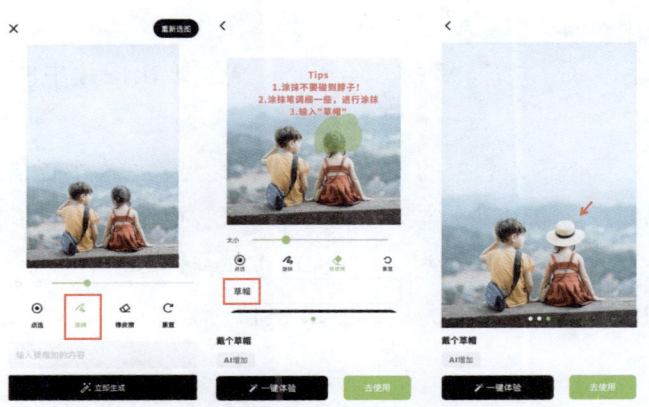

图 1-15 使用 AI 增加功能增加草帽

4. 体验 AI 消除功能

AI 消除功能是指利用人工智能技术自动识别图片中的不需要的元素，如路人、电线、斑点等，并将其从照片中去除。

步骤 1：在操作界面点击"AI 消除"，导入图片。

步骤 2：涂抹需要消除的区域，区域需要涂抹完全。

步骤 3：建议手动涂抹。笔刷大小可以在操作界面下方选择。

步骤 4：选定消除区域后，点击下方的"立即消除"按钮即可实现消除。

以消除图片中花朵上的蜜蜂为例，如图 1-16 所示。

图 1-16 使用 AI 消除功能消除蜜蜂

5. 体验 AI 换背景功能

AI 换背景功能是指利用人工智能技术自动识别照片中的主体，并将其与背景分离，用户只需选择想要更换的背景，AI 便会自动将新背景与主体融合，创造出自然且逼真的合成效果。

步骤1：在操作界面点击"AI换背景"，导入图片。

步骤2：导入图片成功后，AI即开始工作，先抠取出图片中的主体，舍弃原图的背景。

步骤3：在输入框中输入想要的背景，AI会将其与软件库中提供的其他图片或素材进行背景的搜索和匹配。也可以自定义插入图片背景，或使用内置的纯色背景。

步骤4：点击下方的"立即生成"按钮即可更换背景。

以替换图片中的草地山坡背景为例，如图1-17所示。

图1-17　使用AI换背景功能替换背景

6. 体验AI改尺寸功能

AI改尺寸功能是指利用人工智能技术对图片进行放大、扩图等处理，自动生成新的像素信息，有效填补放大过程中可能丢失的细节，最大程度保持图像的清晰度和真实感。

步骤1：在操作界面点击"全部"→"AI改尺寸"，导入图片。

步骤2：导入图片成功后，在下方的尺寸比例选项中选择想要的尺寸。

步骤3：点击下方的"立即生成"按钮即可实现尺寸更改。

以风景照扩图为例，如图1-18所示。

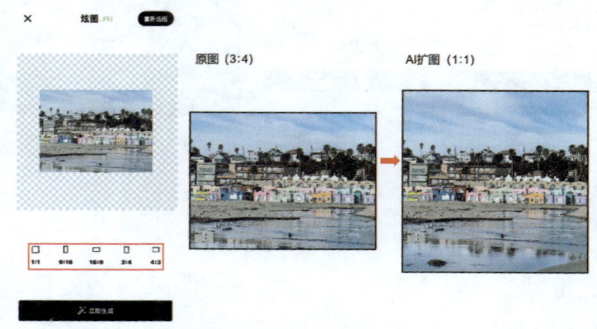

图1-18　使用AI改尺寸功能为风景照扩图

7. AI 修图注意事项

AI 修图功能作为当前热门技术，正处于快速发展阶段。虽然已具备强大的图像处理能力，但部分功能仍需进一步完善。初学者使用时需注意：

1）尽量使用背景简洁或构图相对简单的图片，便于 AI 识别图片中的信息，进而运行后续的功能算法。

2）根据需要准确选择对应的 AI 修图功能，并掌握一些小技巧。例如，"点选"功能和"涂抹"功能在哪些情况下能更好更快地帮助用户选定区域？如何输入文字指令以便帮助 AI 更好地输出贴合用户期望效果的图片？初学者可多尝试，总结经验。

3）理解 AI 的局限性，AI 修图功能并非万能，如果使用不当，就无法实现用户预期的创意想法。如果不符合预期，可以返回编辑界面，尝试修正。勿将 AI 功能用于违法用途，要对 AI 修图保持批判性思维。

实训　为学校及周边地区进行宣传拍摄及后期修图

实训要求：

武鸣校区作为广西某高职院校的新建校区，拥有广阔的占地面积、优美的校园环境和现代化的建筑布局。校区所在的武鸣地区不仅人杰地灵，更以优质沃柑等特色农产品闻名。请你运用所学知识，通过手机拍摄校园风光、建筑景观及周边特色农产品（如武鸣沃柑），为直播电商课程积累素材。通过拍摄实践和 AI 修图练习，提升专业技能，同时宣传学校并推广当地农业特色。

实训提示：

1）根据手机拍摄构图及技巧，拍摄不同类型和风格的照片，至少使用 3 种以上构图方式。

2）至少使用 2 种 AI 修图方式，实现创意表达。

项目 1 实训记录表

项目名称	为学校及周边地区进行宣传拍摄及后期修图	日期	
班级		姓名（学号）	
手机拍摄类型和风格（文字描述）			
拍摄使用的构图方式（文字描述）			
手机拍摄技巧领悟（文字描述）			
AI 修图方式（文字描述）			
AI 修图效果（图片展示）			

项目 1　实训评价表

项目名称	为学校及周边地区进行宣传拍摄及后期修图	日期	
班级		姓名（学号）	
评价指标	评价要素	分值	分数评定
手机拍照图片质量	1. 照片是否对焦清晰，不模糊 2. 照片背景是否简洁，不杂乱	15	
拍摄风格多样性	1. 是否拍摄了不同类型和风格的照片（人物、建筑、风光、产品等） 2. 是否根据不同类型照片主体的特点选用合适的滤镜、特效、焦段等 3. 拍摄范围是否涵盖了学校和周边地区	20	
拍摄构图多样性	1. 是否使用至少 3 种以上构图方式 2. 是否能根据不同拍摄场景的特点选择适用的构图方式	25	
AI 修图方式多样性	1. 是否使用至少 2 种以上 AI 修图方式 2. 是否能根据不同修图需求选择适用的 AI 修图方式	25	
AI 修图效果合理性	1. AI 修图的图片是否清晰 2. AI 修图效果是否合理	15	
	得分		
实训自评与总结思考			

项目 2
抖音图文带货
——电子商务师职业体验

《中华人民共和国职业分类大典（2022 年版）》摘录：

4-01-06-01　电子商务师 S

在互联网及现代信息技术平台上，从事商务活动的人员。

主要工作任务：

1. 运用互联网的相关工具和技术，进行企业产品网络推广；

2. 运用相关工具和技术，进行企业商务网站（店）编辑、装修及内容维护；

3. 进行企业商务网站（店）网上交易及运营管理；

4. 采集相关数据，进行企业网络经营状况和销售数据分析；

5. 分析企业业务需求，规划设计商务。

本职业包含但不限于下列工种：

网商　跨境电子商务师　电商咨询师

学习目标

知识目标：

- 了解橱窗带货的概念；
- 了解图文带货的概念；
- 了解抖音平台的运营规则和特点。

能力目标：

- 能够掌握图片的处理方法；
- 能够掌握 AI 辅助文案撰写的方法；
- 能够发布图文带货。

素养目标：

- 培养学生的创新精神；

项目 2 案例音频 | 扫码收听

- 引导学生增强社会责任感；
- 引导学生树立正确的商业价值观。

思维导图

本项目的思维导图如图 2-1 所示。

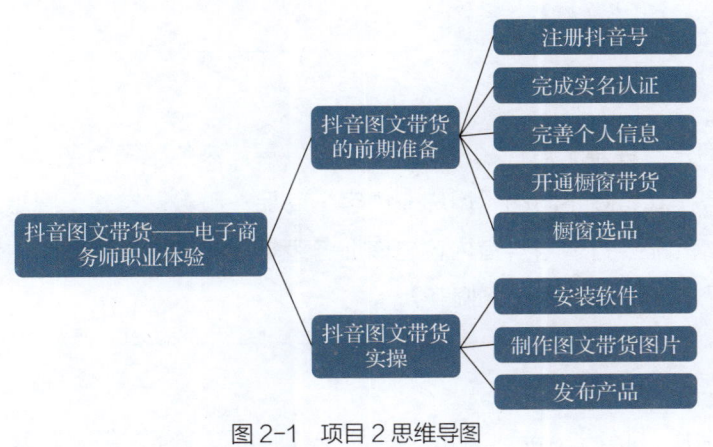

图 2-1　项目 2 思维导图

任务 1　抖音图文带货的前期准备

任务描述

了解抖音平台的运营规则和特点，通过注册抖音号，完成实名认证，完善个人信息，开通橱窗带货，橱窗选品，为抖音图文带货做好前期准备。

任务实施

1. 注册抖音号

注册抖音号主要有手机号码注册、使用第三方账号登录和邮箱注册等方法。下面以手机号码注册为例，介绍注册抖音号的方法。

步骤 1：在手机的应用市场中搜索"抖音"，下载并安装"抖音"App。

步骤 2：打开"抖音"App，点击首页右下角的"我"进入个人页面，点击"登录/注册"，选择"手机号码注册"。

步骤 3：输入手机号码，点击"获取验证码"，稍等片刻，将收到一条来自抖音的验证码短信，输入验证码后点击"下一步"。

步骤4：设置一个登录密码，点击"确认注册"。

注意 登录密码作为登录抖音的凭证，请务必牢记。

知识链接

抖音电商

抖音电商是一种基于短视频社交平台抖音发展起来的电子商务模式。与传统电商相比，其经营模式有着不同的"用户—内容—商品—服务"链路。要想全面挖掘抖音平台的价值，就需要打造与抖音内容电商业务逻辑相符的经营模式。这种经营模式的核心基础是好内容＋好商品＋好服务。

2. 完成实名认证

步骤1：打开"抖音"App，点击"我"→右上角"三条杠"，如图2-2所示。

步骤2：点击"设置"，如图2-3所示。

步骤3：点击"账号与安全"，如图2-4所示。

 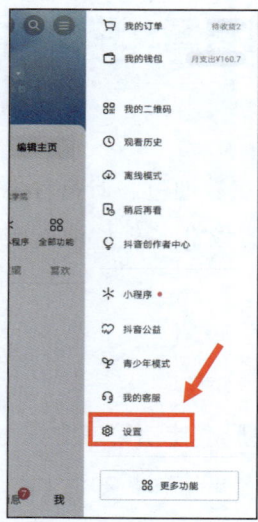 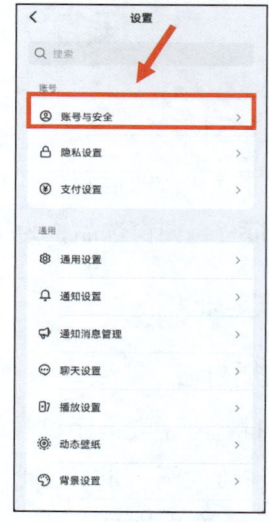

图2-2　个人中心　　　　图2-3　设置　　　　图2-4　账号与安全

步骤4：点击"实名认证"，如图2-5所示。

步骤5：输入实名信息并点击"同意协议并认证"（见图2-6），完成认证流程（见图2-7）。

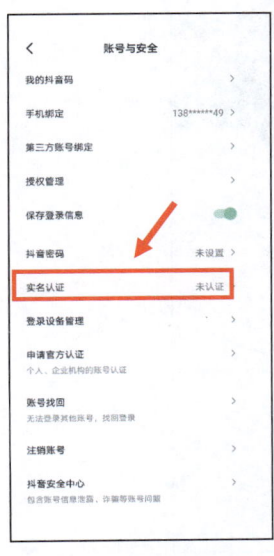 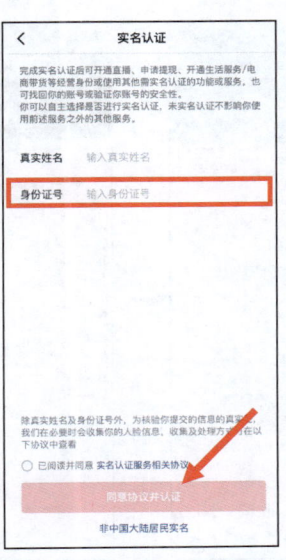 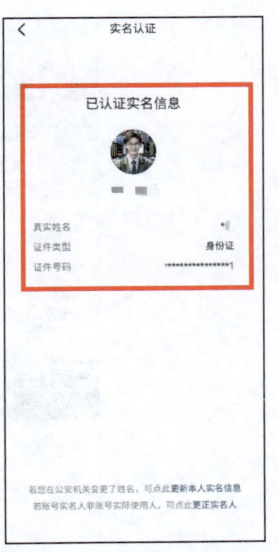

图 2-5 实名认证　　图 2-6 同意协议并认证　　图 2-7 已认证实名信息

注意　一张身份证只能认证一个抖音号。当用户注销抖音账号后，该账号实名信息（即身份证对应的认证信息）不会立即释放，需在注销操作完成7天后，才能再次用于认证其他抖音账号。

3. 完善个人信息

注册成功后，完善个人信息，主要包括名字、简介、性别、生日、所在地、学校、更换头像和更换封面等信息。这些信息将展示在抖音主页上，帮助用户更好地了解本账号。

步骤1：打开"抖音"App，点击"我"→"编辑主页"，如图2-8所示。

步骤2：填写名字、简介、性别、生日、所在地和学校等信息，如图2-9所示。名字是抖音号的第一张名片，个性化命名能快速建立账号辨识度。

步骤3：点击"更换头像"（见图2-9），在手机相册中选择图片，点击"确定，完成头像的更换"。

步骤4：点击"更换封面"（见图2-9），在手机相册中选择图片，点击"确定"，完成封面的更换。

在个人信息完善后，用户就可以发布短视频等内容。若不完成信息完善，会有一些功能使用受限。

图2-8 编辑主页

图2-9 完善个人信息

4. 开通橱窗带货

步骤1：打开"抖音"App，点击"我"→右上角"三道杠"→"抖音创作者中心"，如图2-10所示。

步骤2：点击"全部"（见图2-11），进入"工具服务"界面，如图2-12所示。

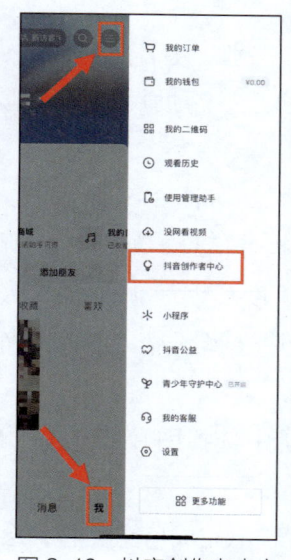
图2-10 抖音创作者中心

图2-11 点击"全部"

图2-12 "工具服务"界面

步骤3：在"收益变现"栏目下，点击"电商带货"（见图2-12），进入"零经验无忧带货"界面，如图2-13所示。

步骤 4：点击"立即加入抖音电商"（见图 2-13），进入"抖音账号授权"界面，阅读文件，点击"同意并授权"。

图 2-13 "零经验无忧带货"界面

> **知识链接**
>
> ### 橱窗带货
>
> 橱窗带货是一种通过在电商平台的商品橱窗展示商品来促成销售的营销方式。许多电商平台和社交媒体平台都提供橱窗带货功能。以抖音为例，用户可以申请开通商品橱窗。消费者在看到带货者发布的内容后，如果对橱窗中的商品感兴趣，会点击进入橱窗，通过链接跳转到商品购买页面，完成产品的购买。带货者由此得到佣金。因此，橱窗带货是一种比较便捷的变现方式。
>
> 橱窗带货无需粉丝即可带货，直播带货和图文带货必须有 1000 个有效粉丝，视频带货必须有 500 个有效粉丝。

步骤 5：勾选"个人"，点击"填写带货资质"，如图 2-14 所示。

步骤 6：上传身份证正面和国徽面的照片，系统自动填写姓名和身份证号，点击"提交审核"，如图 2-15 所示。系统会在 1~3 天内审核完毕。

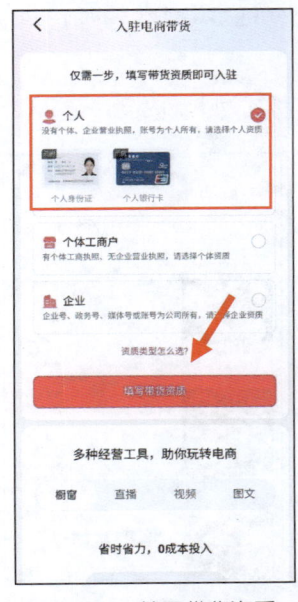

图 2-14 填写带货资质

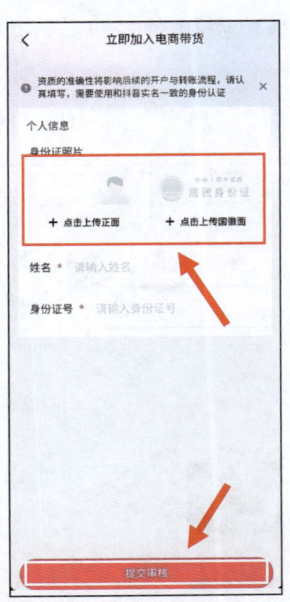

图 2-15 上传身份证并提交审核

5. 橱窗选品

选品在图文带货中极其重要，决定销售的成败。因此，对于抖音新人来说，应该根据自身情况和市场需求选择适合的带货赛道。例如，家乡特产赛道的商品用户需求量大、人群覆盖度广、价格适中且易展示，容易实现爆单。

步骤1：点击"我"→"电商带货"，如图2-16所示。

步骤2：点击"选品广场"，如图2-17所示。

图2-16 电商带货

图2-17 选品广场

步骤3：在搜索栏中输入产品名称进行搜索，如输入"海鸭蛋"并点击"搜索"，如图2-18所示。

步骤4：点击"加选品车"（见图2-19），完成橱窗选品。

图2-18 搜索产品

图2-19 将产品加选品车

任务 2　抖音图文带货实操

任务描述

了解抖音图文带货的操作流程、美图设计室 App 和豆包 App 的使用方法；学会 AI 设计图文带货作品和 AI 辅助撰写产品文案，完成图文带货的发布。

任务实施

1. 安装软件

（1）安装美图设计室 App

> **知识链接**
>
> **美图设计室 App**
>
> 美图设计室是美图公司面向办公场景推出的一款功能强大、操作便捷、应用广泛的智能设计工具。它包括 AI 海报、AI 商品图、AI 模特、AI 消除、AI 变清晰、智能抠图、自动打码、加水印等功能。对于需要进行图片设计和处理的个人和企业来说具有很高的应用价值。

步骤 1：在手机的应用市场中搜索"美图设计室"，下载并安装"美图设计室"App。
步骤 2：点击"美图设计室"App（见图 2-20），进入其操作界面。

图 2-20　"美图设计室"App

（2）安装豆包 App

> **知识链接**
>
> **豆包 App**
>
> 豆包是字节跳动公司推出的一款功能强大、使用便捷的人工智能应用。它包含知识问答、语言学习助手、写作辅助和文本处理等功能。其中，写作辅助具备写作灵感、写作指导、语法检查等功能，可以帮助用户进行文本创作，提高写作效率和质量。总之，豆包能够为用户提供多方面的帮助和支持，在学习、工作、生活等场景中都具有广泛的应用价值。

步骤1：在手机的应用市场中搜索"豆包"，下载并安装"豆包"App。

步骤2：点击"豆包"App（见图2-21），进入其操作界面。

图2-21 "豆包"App

2. 制作图文带货图片

图文带货

图文带货是一种通过图片与文字结合推广商品的营销模式。抖音的图文带货功能凭借庞大的用户基数和精准的算法推荐，能将商品内容高效匹配给潜在消费者。对创作者而言，即使粉丝量少，优质内容仍可获得高曝光。

以制作闪图为例，将两张图片制作成一闪一闪的动态效果，每张图片由1张主图和2张副图构成。

步骤1：点击"美图设计室"App，进入"美图设计室"操作界面，点击"空白画布"，如图2-22所示。

步骤2：在"建议设计类型"列表下，勾选"抖音图文带货"，点击"立即创建"，如图2-23所示。

步骤3：在手机相册中准备1张主图（图片的主体）和2张副图（产品卖点的图片，起到衬托作用）。点击"加图"，从手机相册中导入1张主图，调整大小，铺满整个画布，如图2-24所示。

步骤4：继续点击"加图"，从手机相册中导入2张副图，调整大小并移动到主图的左上方。分别选中"副图"，点击"形状蒙版"，改变副图的形状，如图2-25所示。

步骤5：点击"加字"（见图2-26），点击"花字"，选择"花字"列表下的"文字样式"。

步骤6：输入文字，如"北部湾特产"和"原生态"，选中文字，调整大小并移动到主图的右上方，如图2-27所示。

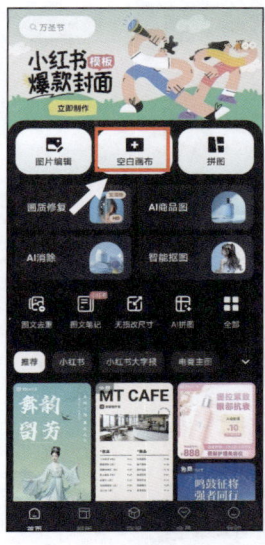
图 2-22　创建空白画布

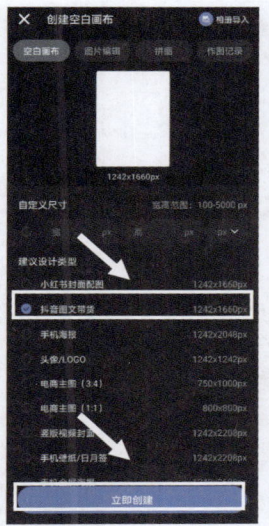
图 2-23　选择"抖音图文带货"

图 2-24　加上主图

图 2-25　加上副图并改变形状

图 2-26　加上文字

图 2-27　调整文字

步骤 7：点击"保存"，设计图保存到手机相册。重复以上操作，完成第二张图片的闪图制作。

3. 发布产品

步骤 1：打开"抖音"App，在手机界面的底部点击"+"，添加作品，如图 2-28 所示。

步骤 2：点击"相册"，选择 2 张以上的图片，完成图片上传，如图 2-29 所示。

图 2-28　添加作品

图 2-29　选择图片

步骤 3：选择热门的背景音乐，增强图文作品的感染力和吸引力，点击"下一步"，如图 2-30 所示。

步骤 4：打开"豆包"App，辅助产品文案的撰写，如"卖海鸭蛋文案，20 个字"，对生成的文案进行修改。复制该文案，点击"添加标题"（见图 2-31），粘贴该文案。

图 2-30　选择背景音乐

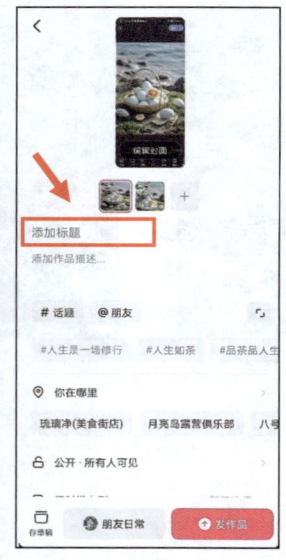
图 2-31　添加标题

步骤 5：点击"话题"，选择热点话题，也可以同步选择定位，如图 2-32 所示。

步骤 6：点击"添加标签"→"发作品"，完成图文带货的发布，如图 2-33 所示。

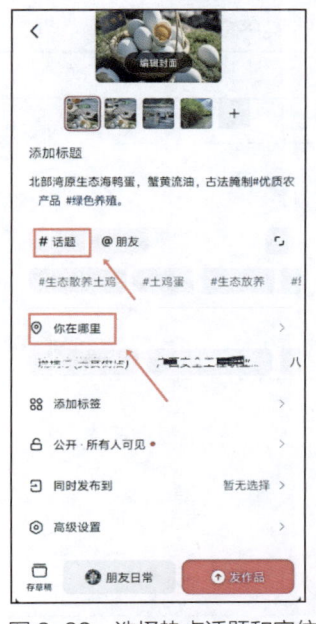
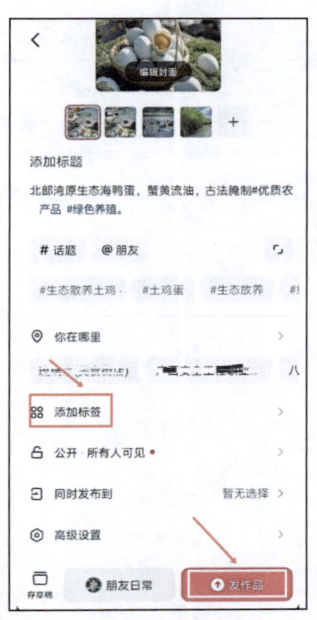

图 2-32　选择热点话题和定位　　图 2-33　添加标签并发作品

> **注意**　只有拥有 1000 个以上有效粉丝的抖音用户，才具备图文带货的权限。如果抖音用户没有上交 500 元的抖音橱窗保证金，发布图文带货作品时，可能出现没有"添加标签"的情况。

实训　为武鸣沃柑进行图文带货

实训要求：

广西壮族自治区南宁市武鸣地区拥有独特的自然条件，如适宜的气候、肥沃的土壤和充足的阳光，这些因素共同孕育出了口感鲜美、多汁甜蜜、营养丰富的沃柑。武鸣沃柑虽然在一定范围内已经有了较高的知名度，但仍有很多潜在消费者并不了解。请你策划一次抖音图文带货，发布精美的图文内容，吸引用户的关注和分享，让更多的人了解武鸣沃柑的独特魅力，提升武鸣沃柑的品牌形象。

实训提示：

按照图文带货流程完成实训任务。具体流程是：确定沃柑图文带货主题—拍摄沃柑产品—美图设计室处理图片—豆包辅助撰写文案—抖音平台发布产品—评估图文带货效果。

项目 2　实训记录表

项目名称	为武鸣沃柑进行图文带货	日期	
班级		姓名（学号）	

确定沃柑图文带货主题 （文字描述）	
拍摄沃柑 （图片展示）	
处理沃柑图片 （图片展示）	
撰写沃柑文案 （文字描述）	
发布沃柑产品 （图片展示）	
评估图文带货效果 （文字描述）	

项目2 实训评价表

项目名称	为武鸣沃柑进行图文带货		日期	
班级			姓名（学号）	
评价指标	评价要素		分值	分数评定
图文带货主题	1. 标题是否具有冲击力 2. 是否能够迅速抓住消费者的眼球，激发他们的好奇心和购买欲望		20	
图片质量	1. 图片是否能清晰地展示沃柑的外观、色泽等细节，让消费者直观地感受到沃柑的品质 2. 图片构图是否合理，突出沃柑的特点和优势 3. 图片场景布置是否吸引人，能激发消费者的购买欲望		30	
文案质量	1. 文案对沃柑的口感、甜度、营养价值等特点的描述是否准确、详细 2. 文案语言是否生动、有感染力，能引起消费者的兴趣 3. 文案中是否有明确的购买引导和促销信息		20	
产品信息准确性	1. 对沃柑的产地、品种、规格等信息的介绍是否准确无误 2. 是否如实告知消费者沃柑的保存方法、食用禁忌等相关信息		10	
带货效果	1. 图文发布后的曝光量，如浏览量、点赞数、评论数等 2. 消费者的咨询量和购买转化率 3. 消费者对产品的反馈和评价		20	
	得分			
实训自评与总结思考				

项目 3

抖音直播
——互联网营销师职业体验

《中华人民共和国职业分类大典（2022年版）》摘录：

4-01-06-02　互联网营销师 S

在数字化信息平台上，运用网络的交互性与传播公信力，对企业产品进行营销推广的人员。

主要工作任务：

1. 研究数字化信息平台的用户定位和运营方式；
2. 接受企业委托，对企业资质和产品质量等信息进行审核；
3. 选定相关产品，设计策划营销方案，制订佣金结算方式；
4. 搭建数字化营销场景，通过直播或短视频等形式对产品进行多平台营销推广；
5. 签订销售订单，结算销售货款；
6. 协调销售产品的售后服务；
7. 采集分析销售数据，对企业或产品提出优化性建议。

本职业包含但不限于下列工种：

直播销售员　商品选品员　视频创推员　平台管理员

学习目标

知识目标：

- 了解抖音直播的概念；
- 了解直播策划方案的流程；
- 了解直播场景布置的内容。

能力目标：

- 能够掌握抖音试播方法；
- 能够掌握在抖音直播中发红包和福袋的方法；

项目3案例音频 | 扫码收听

- 能够掌握在抖音直播中设置美化和特效的方法。

素养目标：
- 培养学生的诚信意识；
- 培养学生的法治观念；
- 引导学生树立正确的消费价值观。

思维导图

本项目的思维导图如图 3-1 所示。

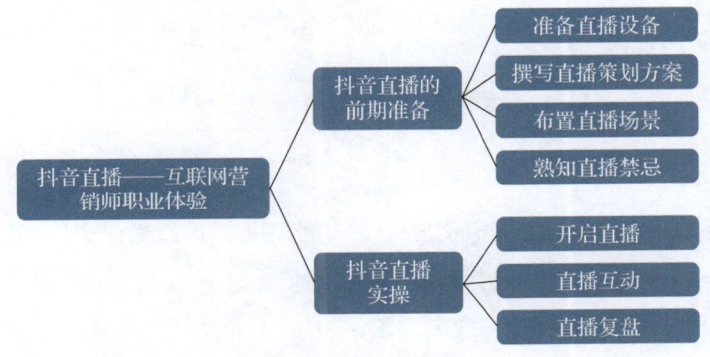

图 3-1　项目 3 思维导图

任务 1　抖音直播的前期准备

任务描述

了解抖音直播的规则和特点，准备直播设备，撰写直播策划方案，布置直播场景，熟知直播禁忌，为抖音直播做好前期准备。

任务实施

1. 准备直播设备

在开始抖音直播前，为了保证直播的效果，必须做好前期的准备工作。

步骤 1：准备一台高像素的手机。高像素手机能够更清晰地展示主播或直播内容的主体，输出的高质量画面在视觉上更具吸引力。面对较为复杂的室内直播，高像素手机可以更好地呈现背景的细节。

步骤2：准备一个手机支架，可调节支架高度和手机摆放方向，如图3-2所示。

步骤3：查看手机网络，保证网络通畅。网络的稳定性对于直播至关重要。直播过程中如果网络出现波动或者中断，会导致直播画面卡顿、中断或者音频视频不同步等问题。

步骤4：如果条件允许，准备补光灯和声卡。补光灯可以提供额外的光照，让主播和展示的物品清晰可见；合适的补光灯可以还原或调整画面的色彩；通过合理布置补光灯，可以塑造出物体的光影效果，从而增强画面的立体感。声卡能够增强人声的清晰度，减少环境噪声的干扰，可以让主播的声音更加纯净，使观众能够更清楚地听到内容；声卡还带有多种声音特效，为直播增添趣味性。

图3-2　手机支架

> **知识链接**
>
> **抖音直播**
>
> 抖音直播是抖音平台上的一种实时互动功能，主播可以通过直播展示才艺、生活、产品等，并与观众互动交流。抖音直播最大的特点之一就是主播和观众的实时互动。观众可以在观看直播的过程中，通过评论区发送文字消息、表情符号，与主播进行交流；主播能够即时看到观众的提问、赞美或者建议，并做出回应。

2. 撰写直播策划方案

直播策划方案如同航海中的指南针，为直播明确目标和方向，同时，系统规划直播的主题、流程和节奏，有效提升直播质量与效果。下面以海鸭蛋直播策划方案为例详细说明。

步骤1：确定直播主题。

海鸭蛋直播策划方案的主题是鲜香海鸭蛋，舌尖上的海洋风味——品质之选。

步骤2：确定直播目标。

1）在直播期间吸引500名观众观看，提高海鸭蛋的品牌知名度。

2）实现海鸭蛋的销量突破300盒，促进产品销售。

步骤3：确定直播时间和平台。

1）直播时间：2024年11月10日，晚上20∶10~21∶10，这个时间段是大多数人休闲放松的时间，流量较大。

2）直播平台：抖音直播。

步骤4：前期准备。

1）产品准备。

①准备不同规格和包装的海鸭蛋，确保有充足的库存。

②提前挑选出品质优良、蛋黄油润的海鸭蛋作为展示样品。

2）主播选择与培训。

①选择形象佳、亲和力强、表达能力好的主播。

②对主播进行海鸭蛋的相关知识培训，包括海鸭蛋的产地、养殖方式、营养价值、烹饪方法等，使主播能够专业地向观众介绍产品。

3）场景布置。

①打造一个具有海边风情的直播场景，背景可以是沙滩、海浪的画面，桌上摆放着海鸭蛋和用海鸭蛋制作的美食（如咸鸭蛋炒饭、咸蛋黄焗南瓜等）。

②配备良好的照明设备，保证画面明亮清晰，突出产品特点。

4）宣传推广。

①在抖音平台提前发布直播预告视频，展示海鸭蛋的诱人画面和直播中的福利，吸引用户关注。

②利用抖音的信息流广告、达人合作等方式，扩大直播的曝光度。

步骤5：确定直播内容与流程。

1）开场预热（5分钟）。

①主播热情欢迎观众，介绍今天直播的主题——海鸭蛋，简单提及直播中的福利，如抽奖、优惠等。

②通过播放一段海边鸭群养殖的短视频，引出海鸭蛋的来源。

2）产品介绍（5分钟）。

①主播拿起海鸭蛋，详细介绍其产地，强调是来自无污染的海边滩涂，鸭子以小鱼、小虾、海藻等为食，所以海鸭蛋营养丰富。

②展示海鸭蛋的外观，讲解其独特的腌制工艺，保证口感咸香适中，蛋黄油多起沙。

③现场打开一个海鸭蛋，展示蛋黄的色泽和油润度，让观众直观感受产品品质。

3）美食展示与品尝（15分钟）。

①主播介绍用海鸭蛋制作的美食，如展示咸蛋黄焗南瓜的制作过程，边做边讲解海鸭蛋在其中的独特风味。

②品尝美食，并与观众分享口感，引导观众想象自己品尝的画面。

4）互动环节（10分钟）。

①进行抽奖活动，观众发送特定弹幕即可参与，奖品可以是海鸭蛋礼盒或优惠券。
②回答观众关于海鸭蛋的问题，如保存方法、是否适合老人、小孩食用等。
③邀请观众分享自己吃海鸭蛋的经历。

5）促销环节（35~55分钟）。
①推出直播专属的优惠套餐，如买二送一、组合套餐等，强调优惠力度和限时性。
②展示购买流程，引导观众下单。

6）结尾（5分钟）。
①再次强调海鸭蛋的品质和优惠活动，感谢观众的观看和支持。
②预告下一次直播的内容和时间，鼓励观众关注。

步骤6：后期跟进。

1）及时处理观众的订单和售后问题，确保其购物体验良好。

2）对直播数据进行分析，如观看人数、互动率、销售额等，总结经验教训，为下一次直播改进提供依据。

3）在社交媒体上发布直播的精彩片段和观众反馈，进一步扩大品牌影响力。

3. 布置直播场景

步骤1：背景选择。

背景要简洁大方，与直播主题相符。例如，海鸭蛋直播时以海鸭蛋的养殖画面作为背景，能让观众更加了解海鸭蛋的生产源头，增加对产品品质的信任感；能直观地呈现海鸭蛋的生长环境，使观众清楚产品的天然、绿色属性。

步骤2：道具准备。

根据直播内容准备道具。例如，海鸭蛋直播要准备厨具、完整的海鸭蛋和切开的海鸭蛋，让观众清晰地看到蛋黄的大小、颜色（优质的海鸭蛋蛋黄通常是橙红色）和油润程度，突出海鸭蛋的品质。

步骤3：灯光和音效优化。

确保灯光均匀，能够清晰地照亮主播和展示商品，避免出现阴影或反光。调整好音频设备，保证声音清晰、无杂音。

步骤4：设置直播预告。

1）在开直播界面，点击"更多功能"，如图3-3所示。

2）选择"直播预告"（见图3-4），进入"新建直播预告"界面。

3）分别设置"开播时间""每周重复""预告内容""展示设置"，点击"保存"（见图3-5），完成直播预告设置。

 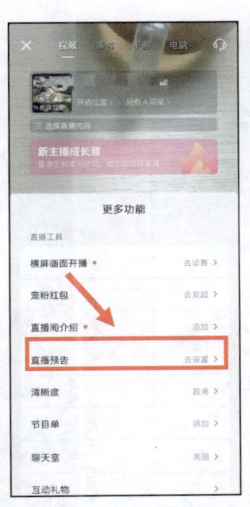 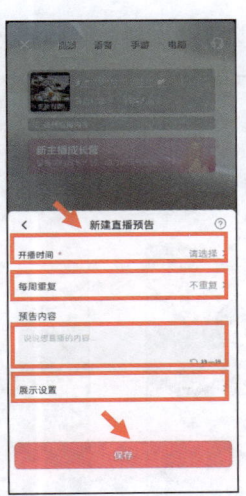

图 3-3　开直播界面　　图 3-4　直播预告　　图 3-5　新建直播预告

4. 熟知直播禁忌

1）不能传播违法违规内容。

2）不能虚假宣传和误导消费者。

3）不能扰乱平台秩序。

4）不能泄露用户的隐私信息。

任务 2　抖音直播实操

任务描述

了解抖音直播的操作流程；学会用场景化语言拆解产品卖点，将专业参数转化为用户能感知的使用价值；掌握互动技巧，能够根据评论区动态调整回应方式，同时兼顾节奏把控与氛围调动。

任务实施

1. 开启直播

（1）设定直播标题

步骤 1：打开"抖音"App，点击"+"（见图 3-6）→"开直播"（见图 3-7）。

步骤 2：在"开直播"界面，点击"输入标题更吸引粉丝"（见图 3-8），输入直播标题。例如，海鸭蛋直播，输入"海鸭蛋：大海馈赠的美味"（见图3-9）。

图3-6　直播准备界面　　图3-7　开直播界面　　图3-8　输入直播标题　　图3-9　直播标题举例

（2）选择直播内容

步骤1：在"开直播"界面，点击"选择直播内容"（见图3-10），进入"选择直播内容"界面。

步骤2：在"选择直播内容"界面，选择一个符合自己直播的内容。例如，海鸭蛋直播选择"美食"——"美食制作/教学"，如图3-11所示。

 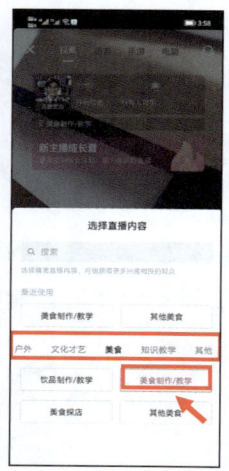

图3-10　选择直播内容　　图3-11　直播内容举例

（3）设置直播封面

步骤1：在"开直播"界面，点击"添加封面"（见图3-12），"从手机相册选择"

或"拍照"中添加图片（见图 3-13）。

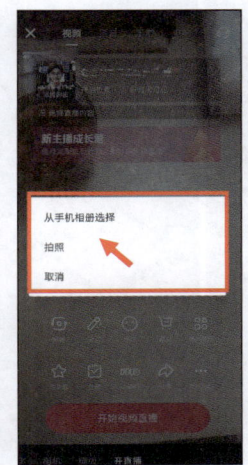

图 3-12　添加封面　　图 3-13　添加图片

步骤 2：系统提示"封面最小尺寸为 750×750"，选择所需的图片，点击"确定"（见图 3-14），完成封面设置（见图 3-15）。

图 3-14　选择封面图片　　图 3-15　完成封面设置

（4）选择直播模式

抖音直播有视频、语音、手游和电脑四种直播模式，默认是视频模式（见图 3-16），也可以选择其他模式。

（5）添加直播间介绍

步骤 1：在"开直播"界面，点击"更多功能"（见图 3-17），选择"直播间介绍"（见图 3-18），进入"直播间介绍"界面。

步骤 2：向右滑动使按钮变绿即"启用直播间介绍"，输入介绍文字，点击"保存并修改"，如图 3-19 所示。

图 3-16　视频模式　　图 3-17　更多功能

 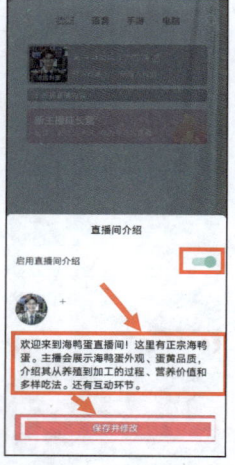

图 3-18　直播间介绍　　图 3-19　输入介绍文字

（6）添加直播商品

步骤 1：在"开直播"界面，点击"商品"，如图 3-20 所示。

步骤 2：点击"添加商品"，如图 3-21 所示。

步骤 3：在"添加商品"界面的"最近带货""我的橱窗""选品车"中选择任何一项，勾选要直播的商品，点击"添加"，如图 3-22 所示。

步骤 4：通过系统审核后，"直播商品"的数量发生变化（见图 3-23），说明直播商品添加成功，点击"完成"。

图 3-20　商品　　图 3-21　添加商品　　图 3-22　选择商品　　图 3-23　商品添加成功

 只有抖音账号粉丝数大于 1000 人时，才有"添加商品"的权限。

（7）调整直播间清晰度

步骤 1：在"开直播"界面，点击"更多功能"，选择"清晰度"（见图 3-24），进入清晰度调整界面。

步骤 2：系统默认是"超清"，也可选择"蓝光"，如图 3-25 所示。"蓝光"呈现的画面提供更高的分辨率和更细腻的图像细节表现，视觉效果较为清晰。

图 3-24　清晰度调整界面　　图 3-25　选择视觉效果

（8）设置直播贴纸

步骤 1：贴纸可以装饰直播间，清晰地呈现直播主题。在"开直播"界面，点击

"特效"（见图3-26），进入贴纸选择界面。

步骤2：在"热门""最新""美妆"等选项卡中，选择自己喜欢的贴纸，如点击"最新"下的"抖音双十一1"（见图3-27），返回"开直播"界面即可看到贴纸的展示效果（见图3-28）。

图3-26 贴纸

图3-27 选择贴纸

图3-28 贴纸效果展示

（9）调整直播美颜

步骤1：在"开直播"界面，点击"翻转"（见图3-29），切换手机的前置镜头或后置镜头进行拍摄。

步骤2：在"开直播"界面，点击"美化"（见图3-30），进入美化界面。

步骤3：选择喜欢的"美颜""风格妆""滤镜""美体"等，完成美化设置，如图3-31所示。

图3-29 翻转

图3-30 美化

图3-31 开启美颜

（10）开启试播

步骤1：在"开直播"界面，点击"所有人可见"（见图3-32），进入"谁可以看"界面，点击"试播彩排"（见图3-33）。"试播彩排"仅自己或分享用户可见，不影响账号和流量。

步骤2：在"试播可见范围"界面的"自己可见"下，勾选自己的抖音号，点击"完成"，如图3-34所示。

步骤3：返回"开直播"界面，点击"开始视频直播"，阅读并同意协议，再次点击"开始视频直播"即可开始直播，如图3-35所示。

 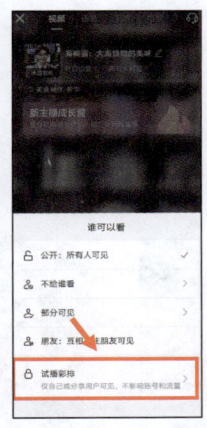  

图3-32　设置可见范围　　图3-33　试播彩排　　图3-34　设置自己可见　　图3-35　开始视频直播

2. 直播互动

（1）开场

以"问好+欢迎+介绍自己"开场，或者以制造悬念、利用热点、强调福利为开场。

亲爱的小伙伴们！欢迎大家来到我的直播间，我是你们的主播小麦！今天我给大家准备了一个超级惊喜，今天直播的主题是海鸭蛋，直播中有福利，如抽奖、优惠等活动。

（2）商品讲解与展示

直播中商品讲解与展示主要包括商品外观展示、功能讲解、使用方法展示、质量与材质讲解、价格与优惠讲解等。

主播拿起海鸭蛋，详细介绍其产地，强调是来自无污染的海边滩涂，鸭子以小鱼、小虾、海藻等为食，所以海鸭蛋营养丰富。主播展示海鸭蛋的外观，讲解其独特的腌制工艺，保证口感咸香适中，蛋黄油多起沙。主播现场打开一个海鸭蛋，展示蛋黄的色泽和油润度，让观众直观感受产品品质。主播介绍用海鸭蛋制作的美食，如展示咸蛋黄焗南瓜的制作过程，边做边讲解海鸭蛋在其中的独特风味。主播品尝美食，并与观众分享口感,引导观众想象自己品尝的画面。

(3)互动环节

互动环节主要包括回答观众提问、举办抽奖活动、引导关注和分享等活动。

现在我们进行抽奖活动,你们发送特定弹幕即可参与,奖品可以是海鸭蛋礼盒或优惠券。

(4)发红包

步骤1:在试播界面,点击"…更多"(见图3-36)→"礼物"(见图3-37)。

步骤2:在礼物界面,点击"观众面板"(见图3-38),切换成"主播面板"(见图3-39)。

步骤3:在主播面板界面,点击"红包"(见图3-40)。

步骤4:在红包界面,选择喜欢的红包类型,设置"发放份数",然后点击"发红包"(见图3-41)。

图3-36 更多

图3-37 选择礼物

图3-38 观众面板

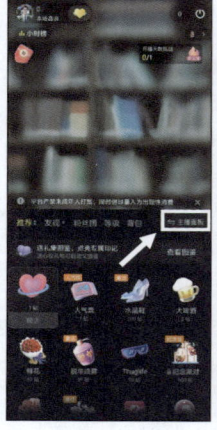
图3-39 主播面板

图3-40 红包
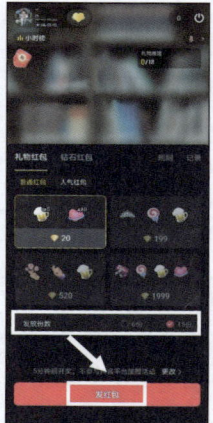
图3-41 发红包

（5）发福袋

步骤1：在试播界面，点击"互动"（见图3-42），进入"互动"界面。

步骤2：在"互动"界面，点击"福袋"（见图3-43），进入福袋界面。

图3-42　互动　　　　　图3-43　福袋

步骤3：在"福袋"界面，设置"人均可得钻石""可中奖人数""参与对象""参与方式""倒计时"等相关参数，点击"发起福袋"（见图3-44），试播中就会出现福袋标志（见图3-45）。

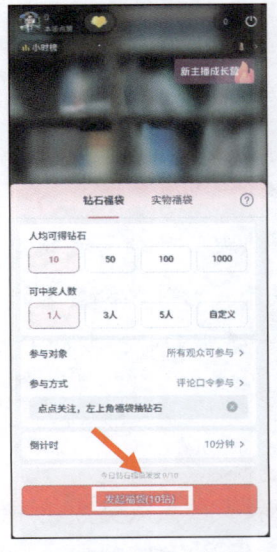 

图3-44　发起福袋　　　　图3-45　出现福袋标志

（6）引导下单

引导下单是一种销售技巧，旨在鼓励消费者完成购买行为。它是在向消费者展示产品或服务的特点、优势、价值等信息之后，通过一系列的沟通策略和心理暗示，促使消费者下定决心进行购买。

大家看我们的海鸭蛋，这可不是普通的鸭蛋。它来自海边纯天然的生态环境，海鸭吃着小鱼、小虾和藻类长大，这样产出的海鸭蛋营养价值极高。蛋黄又大又红，富含蛋白质、卵磷脂、钙、铁等多种对人体有益的成分。每一个海鸭蛋都是大自然的馈赠，品质绝对有保障。你买回去，无论是自己吃还是送给亲朋好友，都是超值的选择，别犹豫了，赶紧下单吧！

今天我们直播间的海鸭蛋优惠力度超级大！平常你们在市场上买可没有这样的价格。现在我们有买一送一的活动，相当于花一份的钱能得到两份美味的海鸭蛋。而且还有满减优惠，买得越多，省得越多。这样的好机会不抓住，那就太可惜啦！错过这次直播，下次可就没这么划算的价格了，赶快下单吧！

你们知道海鸭蛋吃起来是什么感觉吗？当你敲开它，咸香的味道立刻扑鼻而来。煮熟后，切开那金黄的蛋黄，油滋滋地往外冒，咬上一口，咸香适中，口感细腻，蛋白有嚼劲，那味道真的是让人回味无穷。这种独特的美味就在眼前，别光看着流口水啦，下单把这份美味带回家吧！

直播间的朋友们，我们这次海鸭蛋的直播优惠是限时的！库存也有限，已经有好多朋友下单了。如果您再犹豫，可能就抢不到了。这么好的海鸭蛋，这么优惠的价格，机会稍纵即逝，马上下单，别让美味从你的指尖溜走！

（7）结束语

主播再次强调商品的品质和优惠，并感谢观众的观看和支持。同时，预告下一次直播的内容和时间，鼓励观众关注。

在这短暂的直播时间里，我们一起了解了海鸭蛋的独特之处，从它的产地、养殖过程到它那令人垂涎的美味。每一个细节都承载着我们对这份美味的热爱，也感谢你们的一路陪伴。希望我们的海鸭蛋能成为连接我们的美好纽带，期待下次直播还能见到你们，拜拜！

3. 直播复盘

步骤1：直播数据回顾。下播后，分析观看人数、点赞数、评论数、分享数、订单数量、销售额等数据，了解本次直播的基本情况，评估直播效果。

步骤2：直播内容分析。①开场环节是否能迅速吸引观众的注意力？如开场的海鸭蛋产地风光展示和简单介绍是否引起了观众兴趣，根据观看人数的留存曲线来判断。②产品介绍环节内容是否完整、表达方式是否足够吸引人、讲解是否清晰明了。③互动环节是否及时、准确？

步骤3：主播表现评估。①主播的形象是否符合产品定位，穿着打扮是否整洁得体、有亲和力，是否能给观众留下良好的第一印象。②主播的语速是否适中，语调是否有起伏，能够在讲解产品时保持激情和活力，避免让观众感到枯燥乏味。直播过程中是否有明显的停顿、卡壳现象，影响信息的传递。③主播是否能够掌控直播的节奏，在产品介绍、优惠活动、互动环节之间合理切换，保持观众的注意力。

步骤4：直播设备与画面效果评价。①设备稳定性。检查直播过程中是否出现过画面卡顿、声音中断等技术问题，并分析原因。②画面质量。画面是否清晰、明亮，海鸭蛋的展示是否能让观众清楚地看到其外观特点，如颜色、大小等。背景布置是否简洁美观，是否有干扰观众视线的因素。③改进建议。在直播前进行充分的设备测试和网络检查，确保直播的稳定性。优化直播画面的构图和背景设置，突出产品主体。

步骤5：后续改进措施。①根据观众反馈和数据分析，优化直播内容，重点强化产品优势和优惠活动的吸引力。②为主播提供针对性的培训，提升主播的语言表达和控场能力，同时注重形象塑造。③持续改进直播设备和画面效果，确保技术层面的稳定和优质。④建立观众反馈机制，及时回复观众的问题和建议，增强与观众的连接和互动。

实训　为武鸣沃柑进行直播带货

实训要求：

在农村电商发展的背景下，武鸣区的农村电商直播增多。但由于武鸣区中小农户缺乏专业团队和资金，难以在众多直播中脱颖而出。请你策划一次抖音直播带货，打破地域限制，带动武鸣沃柑的销售。同时，通过直播展示产地环境、种植过程，强化"武鸣沃柑"的辨识度，让更多人知晓其品质优势，助力品牌走向更大市场。

实训提示：

按照抖音直播流程完成实训任务。具体流程是：准备直播设备—撰写直播策划方案—塑造主播形象气质—布置直播场景—开启直播—开展直播互动—营造直播氛围—直播复盘。

项目3　实训记录表

项目名称	为武鸣沃柑进行直播带货		日期	
班级			姓名（学号）	
准备直播设备（文字描述）				
撰写直播策划方案（文字描述）				
塑造主播形象气质（文字描述）				
布置直播场景（图片展示）				
开启直播（图片展示）				
开展直播互动（文字描述）				
营造直播氛围（文字描述）				
直播复盘（文字描述）				

项目3 实训评价表

项目名称	为武鸣沃柑进行直播带货	日期		
班级		姓名（学号）		
评价指标	评价要素		分值	分数评定
准备直播设备	1. 直播设备是否包含三脚架、补光灯、声卡麦克风、充电宝等 2. 网络稳定性测试是否达标		10	
撰写直播策划方案	1. 产品卖点设计是否明确突出武鸣沃柑的核心优势 2. 流程脚本设计是否包含开播暖场、产品展示、优惠解读、互动转化和逼单促售5个阶段 3. 应急预案是否包括设备故障、冷场救场、恶意评论应对方案等		15	
塑造主播形象气质	1. 主播的着装风格是否与直播主题契合 2. 主播的整体形象是否和直播氛围相得益彰 3. 主播是否具备亲和力，是否能迅速拉近与观众的距离		10	
布置直播场景	1. 直播背景是否包含沃柑果园实景或采摘画面，桌面是否陈列果篮、礼盒等包装 2. 沃柑的特写镜头是否能清晰展示果肉纹理、测糖仪数据 3. 直播现场是否悬挂手写促销牌		10	
开启直播	1. 直播控制是否每15分钟循环强调促销信息，开场5分钟是否进入主题 2. 沃柑的产品演示是否在现场切开沃柑展示汁水和果瓣分离的效果，试吃表情是否管理到位 3. 直播挂车链接位置是否突出		20	
开展直播互动	1. 主播是否能迅速回应观众提问，没有明显延迟 2. 互动形式是否多样（如问答、抽奖、话题讨论等） 3. 主播是否主动引导观众参与互动，话术巧妙，能持续保持互动氛围		15	
营造直播氛围	1. 开场是否精彩，能否迅速吸引观众注意力，明确直播主题和亮点 2. 直播各环节是否过渡自然、流畅，节奏紧凑，没有冷场或脱节现象 3. 结尾对直播内容是否有总结，是否能有效引导观众购买和关注 4. 主播是否情绪饱满，营造出积极、活跃的直播氛围		10	
直播复盘	1. 是否记录观看峰值、转化率、GPM等核心指标 2. 是否能够准确指出流量下滑时段		10	
得分				
实训自评与总结思考				

项目 4

商品陈列
——连锁经营管理师职业体验

《中华人民共和国职业分类大典（2022 年版）》摘录：

4-01-02-06　连锁经营管理师

使用连锁经营管理工具，进行业态定位、品类管理、营销企划、顾客服务、视觉营销等门店运营业务管理工作的人员。

主要工作任务：

1. 设计连锁体系，厘清总部与门店权责，规划门店运营模式；
2. 分析门店经营数据，制订经营目标与计划并组织实施；
3. 调研商圈特征，拓展新门店，进行业态定位与品类结构调整；
4. 进行商品进货、销售和储存，策划门店促销活动并组织实施；
5. 设计门店动线，负责布局规划与商品陈列的落实；
6. 设计门店服务体系，培训、激励一线营业人员，做好顾客服务工作；
7. 维护门店外围关系，处理门店管理相关事务；
8. 管控门店日常运作，对门店业绩进行评估与优化；
9. 组织门店及商品管理安全自查。

学习目标

知识目标：

- 了解商品陈列的原则；
- 了解商品陈列的基本道具；
- 了解商品陈列的具体要求。

能力目标：

- 能够掌握商品陈列的布局；
- 能够掌握商品陈列的流程。

项目 4 案例音频 | 扫码收听

素养目标：
- 培养学生的创新意识；
- 引导学生坚定文化自信；
- 引导学生树立精益求精的工匠精神。

思维导图

本项目的思维导图如图 4-1 所示。

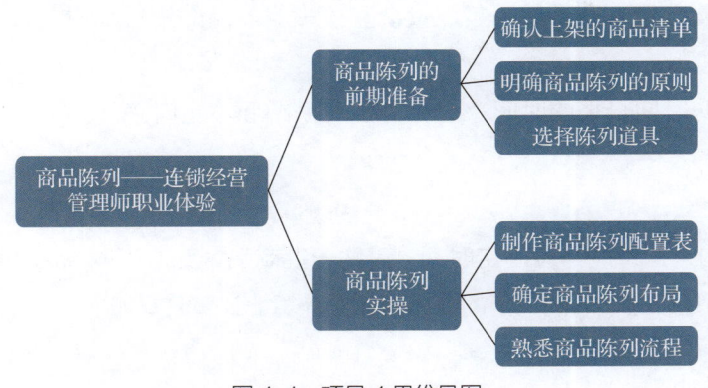

图 4-1　项目 4 思维导图

任务 1　商品陈列的前期准备

任务描述

了解门店商品清单的组成，明确商品陈列的原则和陈列道具的选择，根据商品特性进行合理的布局，使门店的整体形象得到提升，为门店的商品陈列做好前期准备。

任务实施

1. 确认上架的商品清单

商品清单主要包括商品结构、采购数量和采购时间。商品清单的确认是商品陈列的基础。在进行货架陈列前，需要对不同类型的门店确定不同的上架商品清单。

1）确定商品结构。商品结构是不同商品种类形成的商品广度与不同商品品种形成的商品深度的组合，见表 4-1。

表 4-1　商品结构表

		商品品种（深度）	
		深	浅
商品种类（广度）	广	品种种类多、商品品种多	品种种类多、商品品种少
	窄	品种种类少、商品品种多	品种种类少、商品品种少

2）确认采购数量。商品的采购数量会直接影响商品的销售和库存，关系到销售成本和经济效益。

3）确定采购时间。采购时间一般分为定时采购和不定时采购。

定时采购

定时采购是指每隔一段固定时间，采购一批商品，此时采购商品的数量不一定是经济批量，而是以这段时间销售的商品为依据计算。计算公式如下：

采购数量 = 平均日销量 × 采购周期 + 保险储备量 − 实际库存

不定时采购

不定时采购是指每次采购的数量相同，而每次采购的时间则根据库存量降到一定点来确认，也称采购点法。计算公式如下：

采购数量 = 平均日销量 × 平均备运时间 + 保险储存量

2. 明确商品陈列的原则

商品陈列是指将各种商品有序地摆放在合适的位置，其目的是充分展示商品特色，最大限度地激发顾客的购买欲望，创造更多的销售机会，从而提高销售业绩。

1）张贴商品布局分布图和分类标识，便于顾客迅速找到所需商品，如图 4-2 所示。

2）商品正面朝向客户。只有让顾客看见商品，才能有可能被购买，如图 4-3 所示。

3）商品价格标签的正面朝向客户。所谓明码标价就是让顾客根据价格进行选择，如图 4-4 所示。

4）商品陈列应便于取放。顾客越方便拿取商品，商品的销售机会就越多，如图 4-5 所示。

5）货架上的商品陈列要有一定的量感，给人以丰富、充实和值得信赖的感觉，以便刺激顾客的购买欲望，如图 4-6 所示。

图 4-2 商品布局分布图

图 4-3 商品正面陈列

图 4-4 商品价格标签

图 4-5 商品陈列便于取放

图 4-6 商品陈列充足

3. 选择陈列道具

商品的陈列道具是指商店内用于摆放商品的柜台、货架、模型、隔板等实体工具。

有效利用陈列道具，不仅能突出商品、吸引顾客，也有助于商品管理和场地整理。

1）丈量门店尺寸，规划陈列布局，确定柜台、橱窗和货架等的位置，如图4-7所示。

2）确定柜台、货架、层板（标准层板和拐角层板）、护栏、挂钩、隔栏等陈列道具的数量。

3）选购陈列道具的材质，如金属材质（见图4-8）、木质（见图4-9）或玻璃材质。

4）根据规划好的陈列布局，逐一安装陈列道具。

图4-7 陈列布局

图4-8 金属材质陈列道具

图4-9 木质陈列道具

任务2　商品陈列实操

任务描述

通过制作商品陈列配置表、确定商品陈列布局和商品陈列的流程，学会商品陈列的全过程，让商品陈列更加美观，陈列空间更加优化。

任务实施

1. 制作商品陈列配置表

商品陈列配置表就是对商品在货架上的排面以表格的形式规划出来，以保证对商品陈列进行最有效的分配。下面以洗衣粉为例进行商品陈列配置表（见表4-2）的制作介绍。

步骤1：设计表头，包括表格名称、商品分类、货架号和制作人等信息。

步骤2：填写表格，表格内容通常包括货架层板高度标识（从下往上标注，如

10cm、20cm……170cm、180cm）、商品名称、规格、排名、商品代码、价格等必要信息。

步骤3：添加商品信息，根据洗衣粉陈列信息表（见表4-3）将商品信息填入商品陈列配置表中。例如，白猫无泡洗衣粉（品牌）、1000克（规格）、4F（一排放4瓶）、12001（商品代码）、12.2（价格）。

表4-2 洗衣粉陈列配置表

商品分类	NO. 洗衣粉（1）		
货架NO.12	制作人：XXX		
180cm 170cm 160cm	白猫无泡洗衣粉 1000克 4F 12001 12.2	奥妙浓缩洗衣粉 750克 2F 12005 12.5	奥妙浓缩洗衣粉 500克 4F 12006 8.5
150cm 140cm 130cm	白猫无泡洗衣粉 500克 3F 12002 6.5		奥妙超浓缩洗衣粉 500克 3F 12007 12.5
120cm 110cm 100cm 90cm	白猫洗衣粉 450克 3F 12003 2.5		奥妙手洗洗衣粉 180克 6F 12008 2.5
80cm 70cm 60cm 50cm	佳美两用洗衣粉 450克 4F 12004 2.5		碧浪洗衣粉 200克 6F 12009 2.8
40cm 30cm 20cm 10cm	地毯去污粉 500克 4F 12011 12.8		汰渍洗衣粉 450克 4F 12010 4.9

表4-3 洗衣粉陈列信息表

商品代码	品名	规格/克	售价/元	单位	位置	排面	最小库存	最大库存	供应商
12001	白猫无泡洗衣粉	1000	12.2	瓶	E1	4F	3	8	××公司
12002	白猫无泡洗衣粉	500	6.5	袋	D1	3F	15	30	××公司
12003	白猫洗衣粉	450	2.5	袋	C1	3F	20	32	××公司
12004	佳美两用洗衣粉	450	2.5	袋	B1	4F	20	32	××公司
12005	奥妙浓缩洗衣粉	750	12.5	盒	E2	2F	10	20	××公司
12006	奥妙浓缩洗衣粉	500	8.5	盒	E3	4F	8	20	××公司

（续）

商品代码	品名	规格/克	售价/元	单位	位置	排面	最小库存	最大库存	供应商
12007	奥妙超浓缩洗衣粉	500	12.5	袋	D2	3F	12	32	××公司
12008	奥妙手洗洗衣粉	180	2.5	袋	C2	6F	25	90	××公司
12009	碧浪洗衣粉	200	2.8	袋	B2	6F	25	90	××公司
12010	汰渍洗衣粉	450	4.9	袋	A2	4F	4	40	××公司
12011	地毯去污粉	500	12.8	袋	A1	4F	12	42	××公司

注：1. 位置是最下层为 A，二层为 B，三层为 C，四层为 D，最高层为 E；每一层从左至右依次为 A1、A2、A3……；B1、B2、B3……；C1、C2、C3……；D1、D2、D3……；E1、E2、E3……。

2. 排面是每个商品在货架上朝顾客陈列的面，一个面为 1F，两个面为 2F，以此类推。例如，白猫无泡洗衣粉的 4F 是指每排放置 4 瓶白猫无泡洗衣粉，每瓶的正面朝向客户。

3. 最小库存以日销售量为安全存量。

4. 最大库存为货架放满的陈列量。

2. 确定商品陈列布局

步骤 1：分析商品的特性，包括商品属性、尺寸、形状和包装形式等。

步骤 2：研究目标客户，包括顾客的购买习惯和群体特征。

步骤 3：考虑店铺空间布局，包括店铺类型、规模、通道和货架设计等。布局不同所选用的陈列道具和方法有所不同，如图 4-10 所示。

步骤 4：结合销售策略和目标。如商品正在进行促销活动，可采用端架陈列或堆头陈列（见图 4-11）。

图 4-10　店铺布局空间

图 4-11　商品堆头陈列

步骤 5：参考竞争对手的陈列方式，了解其优势陈列，在此基础上进行差异化陈列。

步骤 6：根据顾客的反馈和销售数据来判断陈列方法的有效性，并及时做出调整。

3. 熟悉商品陈列流程

1）明确各类商品的摆放顺序和位置，一般将较重、较大的商品放置在底层，以保证陈列稳定性，如图4-12所示。

2）同类产品陈列在相同区域，可以用隔板或陈列道具将不同品牌或款式分开，使陈列更加清晰，如图4-13所示。

图4-12　商品陈列

图4-13　同类产品陈列

3）设置商品标识，通常选用两种颜色标识，一种标识正常价格，另一种标识促销价格，如图4-14所示。

4）放置其他道具辅助陈列，如促销牌（见图4-15）、展示架、模特等。

图4-14　价格标签　　　　图4-15　促销牌

5）检查陈列的整洁度和美观度，确保产品排列整齐，色彩搭配协调，可根据实际情况进行调整。

实训　做一天超市理货员

实训要求：

广西某高职院校武鸣校区有一家小型超市，超市商品各式各样。假设你是一名超市理货员，请你根据所学知识，将商品按照规定的陈列方式整齐摆放在货架上，确保商品陈列美观、丰富，能吸引顾客的注意力。

实训提示：

按商品陈列的流程、原则和方法完成任务。具体流程是：确定上架的商品清单—明确商品陈列的原则—制作商品陈列配置表—确定商品陈列布局—熟悉商品陈列流程—评估商品陈列效果。

项目4 实训记录表

项目名称	做一天超市理货员	日期	
班级		姓名（学号）	
确定上架的商品清单 （文字描述）			
明确商品陈列的原则 （文字描述）			
制作商品陈列配置表 （表格呈现）			
确定商品陈列布局 （文字描述）			
熟悉商品陈列流程 （文字描述）			
评估商品陈列效果 （图片展示）			

项目4 实训评价表

项目名称	做一天超市理货员		日期	
班级			姓名（学号）	
评价指标	评价要素	分值		分数评定
商品陈列的原则	1. 商品及价格标签是否正面朝向客户，无遮挡 2. 商品陈列是否便于取放，数量是否充足	20		
商品陈列配置表	1. 配置表上罗列的项目是否齐全 2. 配置表的格式是否正确、清晰	20		
商品陈列布局	1. 选择的陈列方法是否符合商品的特性 2. 商品陈列是否考虑店铺空间布局	20		
商品陈列流程	1. 商品陈列是否合理 2. 是否正确使用商品标识	20		
商品陈列效果	1. 商品陈列后是否整洁和美观 2. 消费者在商品面前的停留时间是否有所增加	20		
	得分			
实训自评与总结思考				

项目 5

物资储存保管
——仓储管理员职业体验

《中华人民共和国职业分类大典（2022 年版）》摘录：

4-02-06-01　仓储管理员

从事仓储物品出入库、储存、账务等管理工作的人员。

主要工作任务：

1. 进行物品出入库数量、质量监督、控制和现场作业管理；

2. 安排物品的存放地点，登录出入库凭证、保管账（卡）和货位编号等仓储物品信息及资料；

3. 盘点、清仓查库，向存货部门报告并催调处理积压、呆滞、残损、变质等物品；

4. 协助实施物品配送方案，根据物品出库凭证付货并复核，签发出库单；

5. 检查、维护物品储存设施及环境，安全储存物品；

6. 使用信息系统，管理仓储物品。

本职业包含但不限于下列工种：

盐斤收放保管工　粮油保管员　粮库中控工　烟叶仓管员　航空器材员　棉花保管员

学习目标

知识目标：

- 了解仓库管理中的货物标识、货物码放、库存盘点等概念；
- 掌握仓库管理知识的使用方法。

能力目标：

- 能使用二维码标识管理对货品进行分类控制；
- 能使用堆码技能进行理货管理；
- 能利用智能软件快速盘点库存数量。

项目 5 案例音频 | 扫码收听

素养目标：

- 培养学生将理论知识运用于实践的能力；
- 培养学生在实践中灵活处理问题的能力。

思维导图

本项目的思维导图如图 5-1 所示。

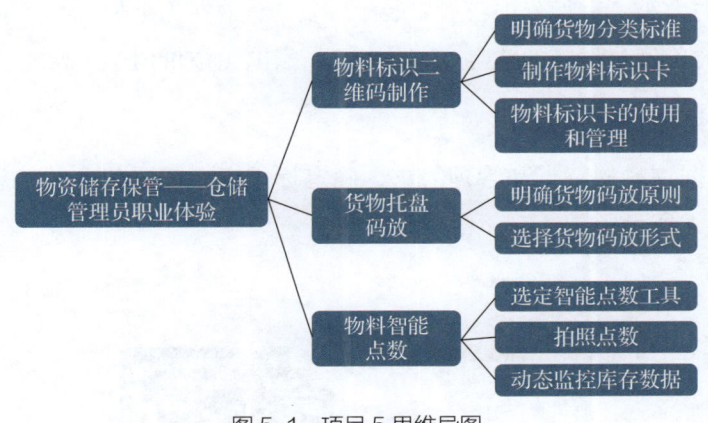

图 5-1 项目 5 思维导图

任务 1　物料标识二维码制作

任务描述

能够设计和制作物料标识二维码标签，建立仓库物料数据，从而提高仓库物料管理效率。

> **知识链接**
>
> **物料标识二维码**
>
> 物料标识通常包含有关物料的各种属性和特征，以便于在供应链管理、库存管理和生产计划等环节中更加方便和高效地管理物料。
>
> 随着科技的进步，二维码技术逐渐应用于各个领域，其中在物资储存保管中的应用也日益广泛。根据产品信息，利用二维码生成软件制作带货物信息的物料标识二维码（包含产品名称、规格、入库日期等关键信息），将二维码标签打印到物料标识卡上。通过对扫描物料标识二维码产生的大量数据进行分析，管理人员可以深入了解仓库的运作情况，发现潜在的问题和优化空间。

任务实施

1. 明确货物分类标准

货物分类标准需要根据货物的性质、用途、大小、重量、价值等因素来综合考虑。常见的货物分类标准包括：

1）按货物的性质分类：如原材料、半成品、成品等。

2）按货物的用途分类：如食品、电子产品、机械设备等。

3）按货物的大小、重量分类：如服装（轻货）、钢卷（重货）等。

4）按货物的价值分类：如珠宝（高价值）、家电（中价值）、塑料杯（低价值）等。

2. 制作物料标识卡

步骤1：根据物料的特点和管理需求，确定标识卡上需要包含的信息内容。物料标识卡信息如图5-2所示。

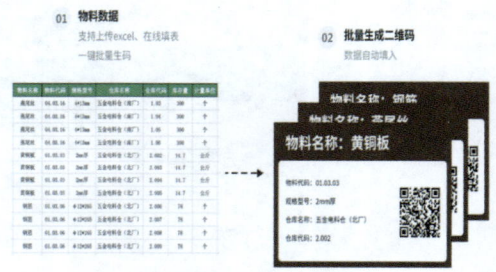

图5-2　物料标识卡信息

步骤2：打开物料标识二维码制作工具，样例使用"草料二维码"进行制作。根据应用场景和货物分类，选择适用模板。

1）打开"草料二维码"主页，在搜索栏中输入"出入库登记"，如图5-3所示。

2）选择"使用模板生码"，如图5-4所示。

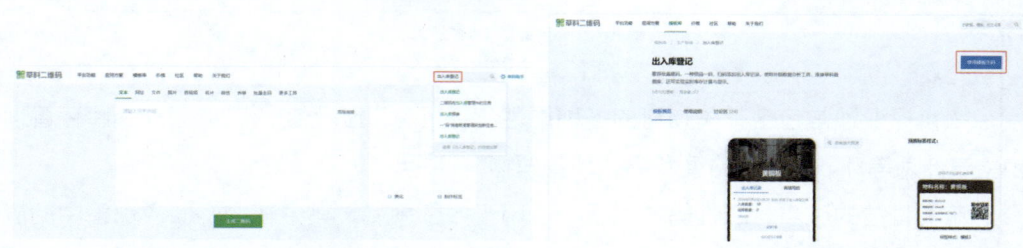

图5-3　搜索"出入库登记"　　　　图5-4　选择"使用模板生码"

3）选择"填表单个生子码"（见图5-5），根据仓库的物料管理需求填写物料名称、物料代码、规格型号等信息，单击"保存模板并生码"（见图5-6），然后选择样式，如图5-7所示。

图 5-5 选择"填表单个生子码"　　　　图 5-6 选择"保存模板并生码"

图 5-7 选择样式

也可以选择"在线表格批量生码"（见图 5-8），批量生成物料标识码。批量生码的在线信息录入表如图 5-9 所示。模板中的物料名称、物料代码、规格型号等信息均可修改。批量生成黄铜板、燕尾丝、钢筋三种物料的物料标识卡如图 5-10 所示。

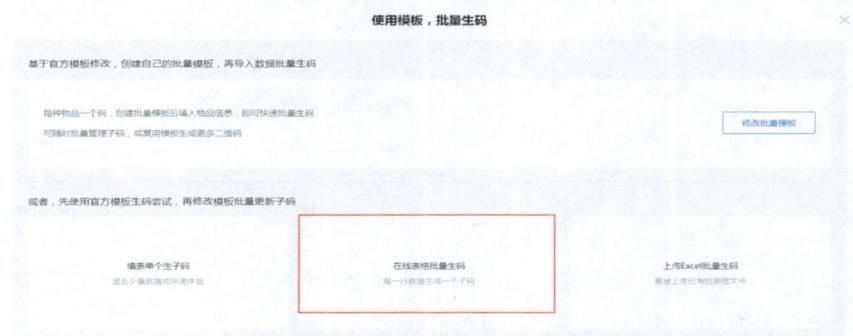

图 5-8 选择"在线表格批量生码"

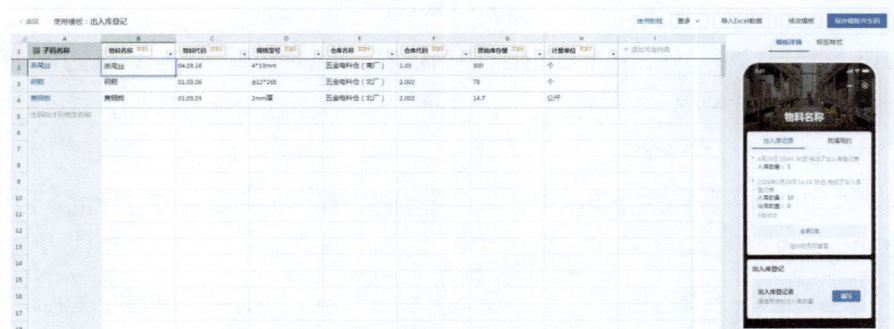

图 5-9 批量生码在线信息录入表

图 5-10　批量生成物料标识卡

3. 物料标识卡的使用和管理

步骤 1：标识卡悬挂或粘贴。将物料标识卡悬挂或粘贴在货物的明显位置，确保标识卡清晰可见、易于识别。对于一些大型或批量的货物，可以将标识卡固定在货物的外包装上；对于小件货物，可以将标识卡放入货物的包装袋或包装盒内。

步骤 2：数据采集。通过扫描或读取物料标识卡上的二维码信息，实现货物信息的快速采集，并将数据实时传输到仓库管理系统中。这样，各个环节的工作人员都可以及时获取货物的最新信息，实现信息的共享和协同管理，提高工作效率和准确性。

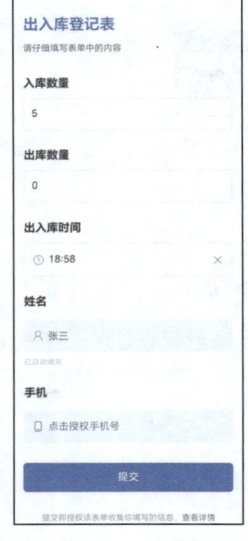 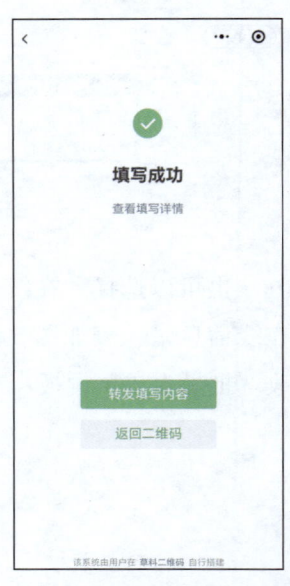

图 5-11　二维码登记信息界面　　图 5-12　填写成功界面

1）扫描标签二维码，登记出入库数量、时间、人员、联系方式等信息，如图 5-11 所示。

2）信息填写完成后提交，填写成功界面如图 5-12 所示。

物料档案管理

制定好物料标识卡后，还需要定期进行物料档案管理，具体包括以下内容：

1）培训人员：对仓库管理人员进行培训，确保其熟悉分类标准和方案，能够正确地完成货物的分类与存储工作。

2）定期检查：定期对仓库检查，确保货物是按照分类方案进行存储的，以便及时发现并纠正错误。

3）更新档案：随着货物的进出，及时更新货物档案，确保信息的准确性。

任务 2　货物托盘码放

任务描述

了解货物码放原则，选择适合的货物码放形式，防止货物在运输过程中丢失或出现差错，提升货物运输质量。

任务实施

1. 明确货物码放原则

1）必须遵循"大不压小、重不压轻、木不压纸"的原则。

2）必须符合货物包装上储运图示标志的规定，按文字、箭头方向码放。严禁超高、超重、超限额和倒置、侧置存放。

3）必须保证每一件货物的标签都朝外。如果货物的尺寸较小，则必须码空心托，严禁码实心托或花心托。

4）按照包装尺寸合理摆放，堆高要互相错缝压茬，保持整托货物的稳定性，保证在地牛和叉车转弯时货物不晃动、不散落。必要时应使用捆扎带。

5）除大件货物外，货物堆码时要求货物不能超出托盘四边，且托盘边沿需留出1~2cm。

6）托盘堆码高度一般不超过1.5m，堆码时必须注意货物包装的堆码限制，防止因摆放层数过多导致底层货物被挤压损坏。

7）原则上同一托盘只放同一票货物，不得混放。如需拼板码放时，必须分开平铺码放，不可上下交叠，以免货物混淆。

8）一票多件货物需要码多个托盘时，应保证各个托盘按照统一规则码放，各托盘码放的货物数量相同。

2. 选择货物码放形式

货物的码放主要有重叠式、纵横交错式、旋转交错式和正反交错式四种形式。

（1）重叠式

货物的各层码放方式相同，上下对应，层与层之间不交错堆码（见图5-13）。

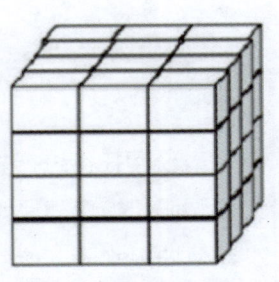

图5-13　货物重叠式码放

优点：操作简单，码放速度快，包装物的四个角和边重叠垂直，承压能力大。

缺点：层与层之间缺少咬合，稳定性差，容易发生塌垛。

（2）纵横交错式

相邻两层货物的码放旋转90°，即一层为横向摆放，另一层就为纵向摆放，层次之间交错堆码（见图5-14）。

优点：操作相对简单，层次之间有一定的咬合效果，稳定性比重叠式好。

缺点：咬合强度不够，对于特别重的货物，码放的稳定性不够好。

（3）旋转交错式

同一层货物相邻的两个包装体互为90°，相邻两层货物的码放形式为旋转180°（见图5-15）。

优点：相邻两层货物之间咬合交叉，托盘货品的稳定性较高，不容易塌垛。

缺点：操作难度相对较大，码放过程中容易在中间形成空穴，降低了托盘的使用效率。

（4）正反交错式

同一层不同列的货物以互为90°垂直码放，相邻两层货物的码放形式为旋转180°（见图5-16）。

优点：不同层间的咬合强度较高，相邻层次之间不重缝，稳定性较高。

缺点：操作较麻烦，人工操作速度慢。

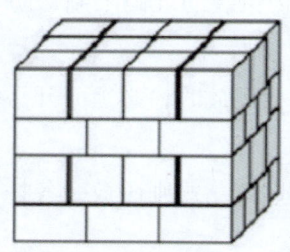  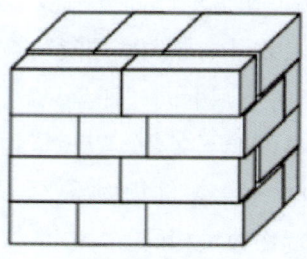

图5-14　货物纵横交错式码放　　图5-15　货物旋转交错式码放　　图5-16　货物正反交错式码放

码托培训

使用托盘进行货物码放是个体力活，需要经常性地对操作者进行码托培训。日常加强码托检查和评比，使操作者形成肌肉记忆和操作习惯，才能真正提高托盘码放的规范性和效率。

任务 3　物料智能点数

任务描述

熟悉智能点数工具，能够使用智能点数 App 进行仓库存货快速盘点，更新出入库数据，提升仓储规范化管理水平。

任务实施

1. 选定智能点数工具

在盘点仓库物料时，需要一款可用于清点各种货物数量的智能点数软件，以提高工作效率和准确性，便于及时掌握库存动态。

点数相机（见图 5-17）是一款基于人工智能技术的智能点数软件，利用先进的人工智能图像识别技术，可快速准确地识别照片中物体的数量。其单张照片的识别能力最高可支持清点千个目标，如钢管、钢筋、方木、圆木、布料、焊条等多种物品，并且随着其不断更新，可适配更多的物品类型。用户只需在软件中拍照或从相册中选择照片，软件便能自动识别图像中的物品数量，并提供详细的统计数据，简化了传统的人工点数流程，大大提高了点数的速度和正确率，节省人力。

图 5-17　点数相机 App 界面

2. 拍照点数

步骤 1：进入"点数相机"App，选择适用的点数模型。以存放汽车零配件的仓库为例，选择"工业生产"点数的物品类型（见图 5-18），进入物品选择页面。有钢管、竹签、钢筋、布料卷、圆木等多种类型可供选择,这里选择"钢管"→"开始点数",如图 5-19 所示。

步骤 2:拿起手机对准需要点数的物体,尽量保持物体清晰、完整,避免遮挡,然后点击"拍照"按钮进行拍摄,软件将自动对照片中的物体进行识别和数量统计(见图 5-20)。若照片中存在不需要识别的物体或区域,可使用"遮盖笔"涂抹该部分,将其去除,以免影响点数的准确性,涂抹完成后点击"√"确认,点数完成后可在界面上直接看到物体的数量。

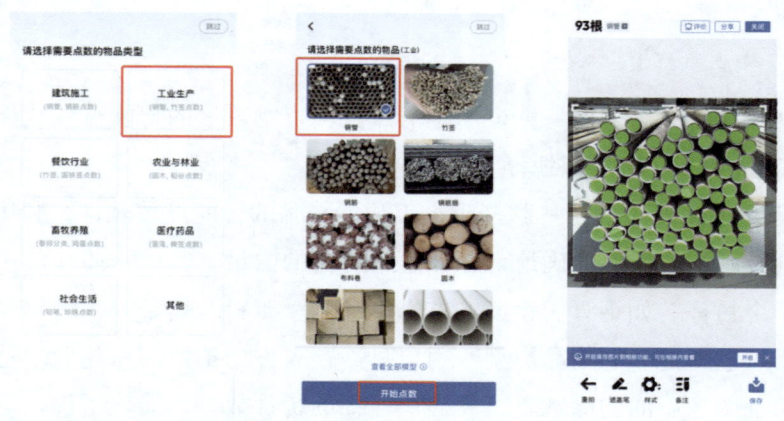

图 5-18　选择点数物品类型　　图 5-19　选择点数物品　　图 5-20　进行点数

3. 动态监控库存数据

动态监控库存数据管理旨在提高仓库管理的效率、精确性和安全性。通过点数相机生成的入库单(见图 5-21)与库存管理系统进行实时连接,实时更新库存动态,以便采取相应的措施进行调整和处理。

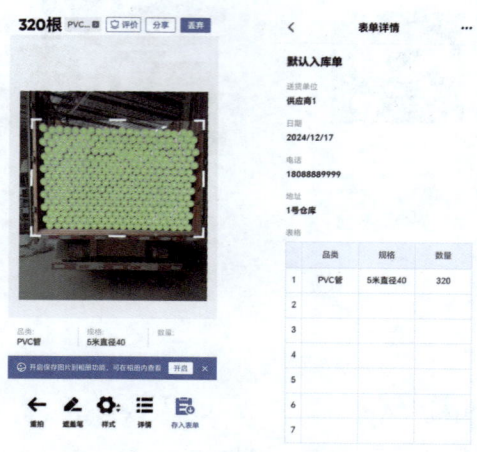

图 5-21　动态点数入库界面

账面盘点和现货盘点

账面盘点又称永续盘点，就是把每天入库及出库货品的数量及单价，记录在计算机或账簿上，然后累计加总算出账面上的库存量及库存金额。

现货盘点又称为实地盘点或实盘，就是直接去仓库清点库存数，再依货品单价计算出实际库存金额。

当账面数与实存数存在差异时，有时很难断定是账面数有误还是实盘数有误。所以，可以采取"账面盘点"和"现货盘点"并用的方法，以查清误差出现的实际原因。

实训　仓储管理员技能体验

实训要求：

广西某高职院校武鸣校区实训基地有一批物料存放在学校仓库中。假设你是一名仓储管理员，为建立物料管理体系，请对物料进行盘点并给不同类的物料贴上物料标识二维码，以建立物料库存数据，并按照货物托盘码放的原则和形式将物料运送至专用储存室。

1）货物点数：使用智能计数工具，对不同种类的物料进行精确点数，掌握快速准确的计数方法，记录物料数量并与物料清单核对，处理数量差异。

2）打包装箱：根据物料特性和包装要求，选择合适的包装材料与工具，学习规范的包装流程，包括放置缓冲材料、封装等，在包装上标注必要信息。

3）二维码标签制作：掌握二维码生成软件操作，输入物料相关信息生成二维码，使用标签打印机打印二维码标签并粘贴在包装箱的指定位置。

4）物料托盘码放：了解托盘码垛原则与常见方式，根据物料形状、重量、稳定性等因素进行实际码垛操作，确保垛堆稳固且便于存取，遵循安全规范。

实训提示：

1）实训前务必了解实训内容与安全注意事项，做好防护措施。

2）严格遵守操作规程，防止货物损坏。

3）加强教师的现场指导与监督，及时解决问题，确保实训顺利进行。

项目5　实训记录表

项目名称	仓储管理员技能体验	日期	
班级		姓名（学号）	
货物点数 （图片展示）			
打包装箱 （图片展示）			
二维码标签制作 （图片展示）			
货物托盘码放 （图片展示）			

项目 5　实训评价表

项目名称	仓储管理员技能体验	日期	
班级		姓名（学号）	
评价指标	评价要素	分值	分数评定
货物点数	1. 能否核对出货物数量并与货物清单数量比对 2. 是否能够快速准确点数	20	
打包装箱	1. 能否根据货物特性和包装要求，选择合适的包装材料与工具 2. 包装流程是否规范	30	
二维码标签制作	1. 能否输入货物相关信息生成二维码 2. 能否准确地把二维码标签粘贴在包装指定位置	40	
货物托盘码放	1. 能否根据货物形状、重量、稳定性等因素进行实际码垛操作 2. 是否遵循安全规范，确保垛堆稳固且便于存取	10	
	得分		
实训自评与总结思考			

项目 6

企业供应链管控
——供应链管理师职业体验

《中华人民共和国职业分类大典（2022年版）》摘录：

4-02-06-05　供应链管理师 S

运用供应链技术、管理方法和工具，从事产品设计、采购、生产、销售、服务等全过程协同，控制供应链系统成本的人员。

主要工作任务：

1. 实施销售和运作计划，进行库存管理，协调供需关系；
2. 制订采购策略，对供应商进行整合与评估；
3. 进行供应链生产和服务设施选址与布置；
4. 设计并管理运输网络，协调仓储规划与运作；
5. 运用供应链平台管理客户、内部供应链、供应商及交易，控制成本；
6. 运用供应链绩效管理工具及方法，对供应链进行评估与改进；
7. 提供供应链技术咨询和服务。

学习目标

知识目标：

- 了解供应链管理中的采购管理、物流管理等概念；
- 掌握供应链管理知识的使用方法。

能力目标：

- 能使用大数据对供应商进行背景调查；
- 能使用采购管理对供应商进行准入控制；
- 能使用物流管理对配送路线进行规划。

素养目标：

- 培养学生将理论知识运用于实践的能力；

项目6案例音频｜扫码收听

- 培养学生在实践中灵活处理问题的能力。

思维导图

本项目的思维导图如图 6-1 所示。

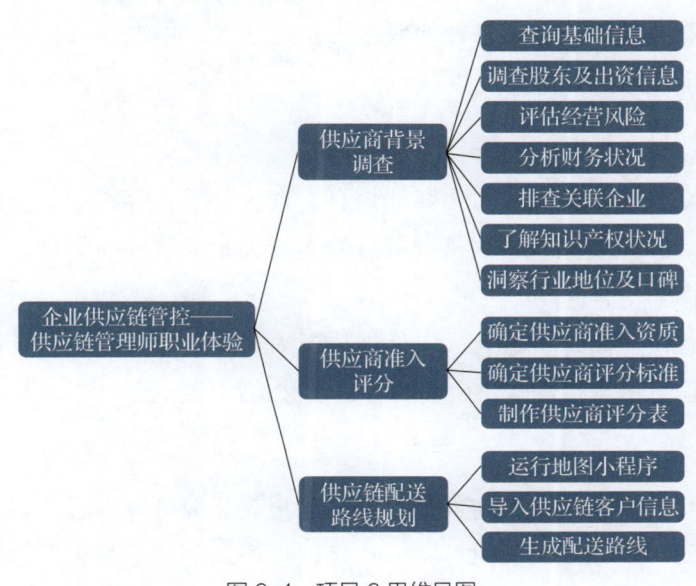

图 6-1　项目 6 思维导图

任务 1　供应商背景调查

任务描述

能够通过大数据搜索，对供应链的主要供应商进行全面的背景调查，以确保供应链的安全、优质和稳定，进一步提升企业的品牌形象和顾客满意度。

任务实施

1. 查询基础信息

步骤 1：通过天眼查的官网获取供应商的工商登记信息，包括企业名称、统一社会信用代码、法定代表人、注册资本、成立日期、注册地址、经营范围等，确认其是否为正规合法注册的企业。

步骤 2：查看其历史变更记录，如注册资本的变更、经营范围的调整、法定代表人的更替等，若存在频繁变更，需进一步了解原因，评估是否存在潜在风险。

2. 调查股东及出资信息

步骤 1：明确供应商的股东构成，了解各股东的持股比例、认缴出资额及实缴出资额等，判断企业的股权结构是否稳定，是否存在股权纠纷隐患。

步骤 2：查看股东的背景信息，如股东为企业法人，可继续查询该股东企业的相关情况，分析其可能带来的关联风险。

3. 评估经营风险

步骤 1：重点关注供应商的司法案件信息，查看其是否存在未了结的诉讼、仲裁案件，案件的性质、涉及金额及进展情况等。若涉及大量经济纠纷案件，可能表明其经营状况不佳或存在商业信誉问题。

步骤 2：查看供应商是否被列入失信被执行人名单、经营异常名录以及有无行政处罚记录等，此类信息可直接反映供应商的合规性和信用状况。

4. 分析财务状况

虽然天眼查无法直接提供供应商完整的财务报表，但可以查看其行业竞争、融资信息以及年报公示等，侧面了解其财务实力和经营规模。例如，是否有稳定的投资项目或获得过较大规模的融资，反映其在市场中的吸引力和发展潜力。

5. 排查关联企业

利用天眼查的关联关系挖掘功能，可查找供应商的关联企业，分析其关联交易情况及是否存在利益输送等风险。若客户公司存在大量空壳公司或风险较高的企业，需谨慎与其合作。

6. 了解知识产权状况

查询供应商的商标、专利、著作权等知识产权信息，了解其技术研发实力和创新能力。拥有较多核心知识产权的供应商，在产品质量和技术稳定性方面可能更具优势，也有助于评估其在行业内的竞争力。

7. 洞察行业地位及口碑

通过天眼查查看供应商历史招投标等信息，了解其在行业内的排名、市场份额、获得的荣誉及资质认证等，评估其行业地位和品牌影响力。

虽然天眼查本身不直接提供供应商评价功能，但是基于以上全面多维大数据的背景调查，可以判断其是否具备成为合格供应商的条件。

供应商调查

供应商调查是供应商管理的首要环节,指企业对供应商的基本资信、生产能力、技术水平等信息进行收集与评估的过程,旨在筛选合格的供应商并掌握资源市场动态。该调查通过资源市场分析、初步调查和深入调查三个阶段展开,涵盖企业资质、财务健康度、质量管理体系及合规性等核心维度,重点针对战略合作伙伴或关键供应商实施实地考察。

任务 2　供应商准入评分

任务描述

能够设计供应商准入评分方案,对符合资质要求的供应商进行评分,选择最优供应商进行长期合作,建立稳定的合作关系,以丰富企业的产品种类并提高供应链稳定性。

任务实施

1. 确定供应商准入资质

供应商必须具备以下资质:

1)具有合法有效的营业执照、组织机构代码证、税务登记证等相关证件;
2)持有行业准入许可证等相关行业资质证件;
3)产品质量符合国家相关标准,有相关检验报告;
4)具有良好的商业信誉和售后服务能力。

2. 确定供应商评分标准

(1)产品质量

供应商供应的产品应具备详细的技术参数、材质、性能等,并确保这些指标符合国家标准、行业标准或双方约定的技术要求。

(2)供应稳定性

供应商应在和采购方的长期合作中保持高质量、可靠供应和持续合作意愿的能力。主要体现在准时交付符合质量要求的产品或服务、产品或服务符合约定的技术标准、长期履约意愿强、对需求变化的快速调整能力。

（3）价格竞争力

供应商在保证产品或服务质量的前提下，能够提供更具优势的价格水平，其核心在于成本控制能力。这种能力并不是单纯追求低价，而是成本效率、市场响应速度与可持续合作能力的综合体现。

（4）配送服务

供应商根据采购方需求，通过系统化的物流活动，将符合质量要求的产品在指定时间内送达指定地点，并保证运输安全和时效性。

（5）售后服务

供应商在完成产品交付后，为确保客户持续满意而提供的技术支持、维修维护、问题响应等全周期保障服务。

3. 制作供应商评分表

目前主流的 AI 助手（如豆包、DeepSeek、ChatGPT 等），可以通过自然语言描述，帮助用户快速生成供应商评分表的框架、指标建议、权重分配，甚至自动计算评分。不同 AI 助手的能力和侧重点有所不同，这里以 DeepSeek 网页版为例。

步骤 1：打开 DeepSeek 网页版→"开始对话"，如图 6-2 所示。

图 6-2 DeepSeek 操作界面

步骤 2：在 AI 对话框输入"我是一名供应链管理师，帮我制作一个供应商评分表，包括但不限于产品质量、供应稳定性、价格竞争力、配送服务、售后服务等"，如图 6-3 所示。

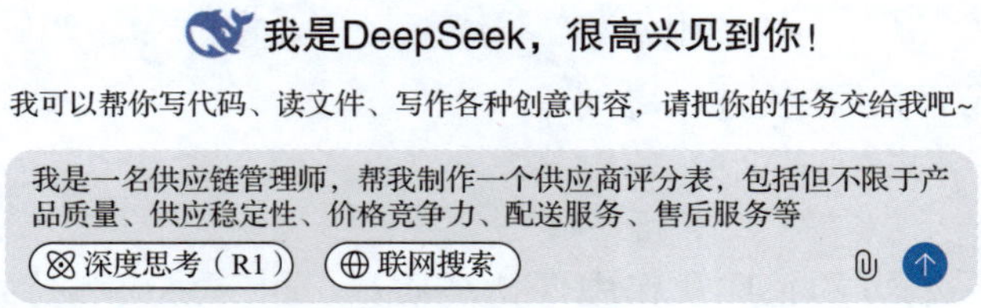

图 6-3 输入写作需求

步骤 3：DeepSeek 会根据大数据生成多种不同的供应商评分表，可根据实际情况选择适合的评分表并做适当的调整，以下是 DeepSeek 生成的一个供应商评分表，见表 6-1。

表 6-1　供应商评分表

供应商名称 （分值）	产品质量 （40分）	供应稳定性 （20分）	价格竞争力 （15分）	配送服务 （15分）	售后服务 （10分）	总分 （100分）
供应商 1						
供应商 2						
供应商 3						

运用供应商评分表评估各个指标时，分值越高代表供应商在该方面表现越优秀。可根据实际情况以及每种原材料和各供应商的特点，适当修改和调整评分表的内容和指标权重。

针对每个供应商，根据实际情况在各项指标中进行打分。

1）产品质量（40分）：①产品合格率（20分）；②产品质量稳定性（10分）；③产品创新能力（10分）。

2）供应稳定性（20分）：①交货准时率（10分）；②供应中断次数（10分）。

3）价格竞争力（15分）：①价格水平（10分）；②价格稳定性（5分）。

4）配送服务（15分）：①配送准时率（8分）；②包装完整性（4分）；③物流信息可追溯性（3分）。

5）售后服务（10分）：①响应速度（4分）；②问题解决能力（4分）；③服务态度（2分）。

定期对供应商进行评分更新并计算总分，对供应商进行综合评估，以便及时调整供应商合作策略。

供应商白名单

供应商白名单是指经过筛选和评估后，被列入优先合作对象的供应商列表。这种名单通常基于一定的标准和条件，对供应商进行筛选，以确保其能够提供高质量的产品或服务，满足特定的需求和标准。供应商白名单的建立旨在提高采购效率和产品质量，同时降低合作风险。

任务 3　供应链配送路线规划

任务描述

能够使用地图小程序的智能规划功能,并利用现有的运输工具和道路状况,进行配送路线规划,以确保达到供应链配送的准确性、准时性和服务质量等方面的要求。

任务实施

在供应链配送运输路线设计中,需根据不同供应链客户的位置和要求,选择不同的路线设计方案,最终达到节省时间、运距和降低配送运输成本的目的。通过地图小程序优化配送路线,以提高配送效率、减少配送失误和配送延迟的情况。

1. 运行地图小程序

以高德地图小程序为例,浏览器输入"wia.amap.com",登录账号后,选择"地图管理",根据实际情况"创建新地图",设置新地图名称后选择"创建"即可进入操作界面,如图 6-4 所示。

图 6-4　创建新地图

2. 导入供应链客户信息

步骤 1:单击"批量导入"(见图 6-5),进入"批量导入数据"对话框,单击"下载模板",如图 6-6 所示。

图 6-5　批量导入

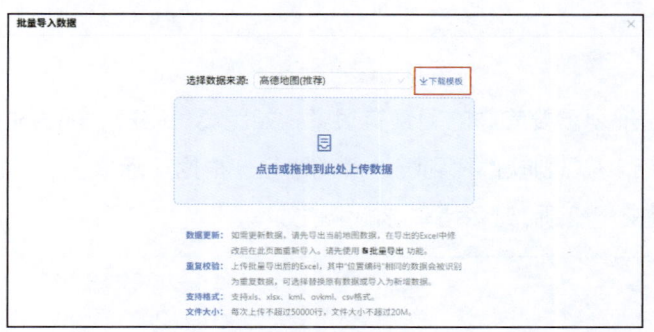

图6-6 批量导入数据

步骤2：打开模板，录入名称、地址、描述等客户信息并保存，如图6-7所示。

步骤3：通过"点击或拖拽到此处上传数据"（见图6-6）上传客户信息录入模板并导入客户信息，导入完成界面如图6-8所示。

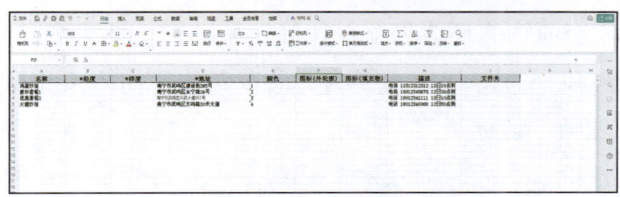

图6-7 录入客户信息

图6-8 导入完成界面

3. 生成配送路线

步骤1：回到地图主界面。

步骤2：选定批量导入的客户数据（见图6-9）。

步骤3：单击"制作路线"，生成配送路线，如图6-9所示。

图6-9 生成路线规划

通过地图平台规划的路线，确定供应链客户配送的行驶路径（或服务顺序）。

供应链配送路线规划

供应链配送规划需要考虑的因素有很多,如距离、路况、配送时限等。可以利用地图小程序或者路线规划软件找到配送最优路径。根据实际情况,考虑利用平行道路、小路等方式绕过交通瓶颈,避免堵车影响配送效率。

实训　武鸣沃柑供应商筛选和供应链路线规划

实训要求:

武鸣沃柑凭借其口感鲜美、多汁甜蜜、营养丰富的特点,赢得了消费者的青睐,线上订单量持续增长。然而,当前物流环节仍存在包装箱易破损、异味明显,以及配送时效不稳定导致果品新鲜度下降等问题,影响了消费者的购物体验和品牌口碑。假设你是一名供应链管理师,请你通过阿里巴巴平台筛选优质食品级包装供应商,优化纸箱防震和透气性设计;同时对接顺丰、京东等具备生鲜专线的快递服务商,并借助智能路径规划系统提升配送效率,从而全面提升武鸣沃柑的供应链质量。

实训提示:

1)通过大数据平台进行供应商背景调查,包括供应商的基础信息、股东及出资信息、经营风险评估、财务状况、价格竞争力、交货期承诺、售后服务、客户评价等信息。

2)根据需求和采购标准,对以上供应商背景调查收集到的信息,运用供应商评分方案进行综合评分和排序。撰写供应商评估报告,详细阐述选择或淘汰每个供应商的理由,并确定最终的合作供应商名单。

3)根据多个客户的送货地址,运用地图小程序,设计最优的配送路线,确保运输公司满足配送时间要求。

项目6 实训记录表

项目名称	武鸣沃柑供应商筛选和供应链路线规划	日期	
班级		姓名（学号）	
供应商信息收集（文字描述）			
供应商评分（文字描述）			
供应商评估报告（文字描述）			
供应链配送路线规划（文字描述+图片展示）			

项目6 实训评价表

项目名称	武鸣沃柑供应商筛选和供应链路线规划	日期	
班级		姓名（学号）	
评价指标	评价要素	分值	分数评定
供应商信息收集	收集的信息是否完整	20	
供应商评分	评分标准设计是否合理	20	
供应商评估报告	1. 供应商优先排序是否合理 2. 供应商选择或淘汰理由是否充分	40	
供应链配送路线规划	1. 是否完成配送路线设计 2. 配送路线设计是否合理	20	
得分			
实训自评与总结思考			

项目 7
无人机航拍
——无人机驾驶员职业体验

《中华人民共和国职业分类大典（2022年版）》摘录：

4-02-04-06　无人机驾驶员

通过远程控制设备，操控无人机完成既定飞行任务的人员。

主要工作任务：

1. 安装、调试无人机电机、动力设备、桨叶及相应任务设备等；
2. 依任务要求规划航线；
3. 依飞行环境和气象条件校对飞行参数；
4. 操控无人机执行飞行任务；
5. 整理并分析采集的数据；
6. 评价飞行结果和工作效果；
7. 检查、维护、整理无人机及任务设备。

本职业包含但不限于下列工种：

植保无人机驾驶员　安防无人机驾驶员　航拍无人机驾驶员　巡检无人机驾驶员　物流无人机驾驶员

学习目标

知识目标：

- 了解无人机的结构组成；
- 了解无人机的航线规划。

能力目标：

- 能够掌握航拍无人机的飞行操作；
- 能够掌握航拍无人机的拍摄方法；

项目7案例音频 | 扫码收听

- 能够使用 AI 辅助影像处理。

素养目标：
- 培养学生的团队协作精神；
- 培养学生的创新与审美素养；
- 引导学生树立正确的职业操守。

思维导图

本项目的思维导图如图 7-1 所示。

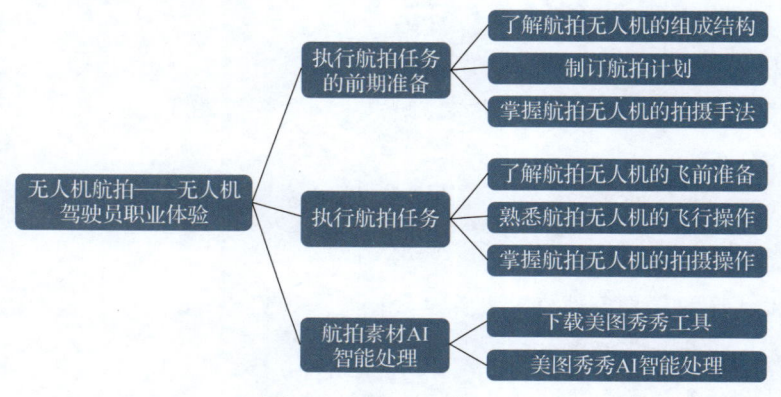

图 7-1　项目 7 思维导图

任务 1　执行航拍任务的前期准备

任务描述

了解航拍无人机的组成结构，学会制订航拍计划和掌握航拍无人机的拍摄手法对航拍无人机的整体有个全面的认识，为航拍无人机执行航拍任务做好前期准备。

任务实施

1. 了解航拍无人机的组成结构

无人机的应用领域非常广泛，常见的有植保无人机应用、航拍无人机应用、航测无人机应用和电力巡线无人机应用。下面以航拍无人机为例介绍其组成结构，如图 7-2 所示。

1）无人机飞行器部分：由机身、动力系统和任务载荷组成。机身包括碳纤维机架和无人机外壳；动力系统包括电机、电池、电调和螺旋桨，俗称"三电一螺"；任务载荷包括相机、超声波、雷达等。

2）无人机传输部分：通常包括图传、数传、相机控制模块和OSD模块等。

3）无人机地面站部分：一般由接收器、PC端和一体化遥控器组成。接收器用于接收信息；PC端可以进行照片采集、惯性控制信息采集、超声波测距采集和基于航线记忆的航线规划；一体化遥控器可对无人机进行实时监测、人为干预和相机控制。

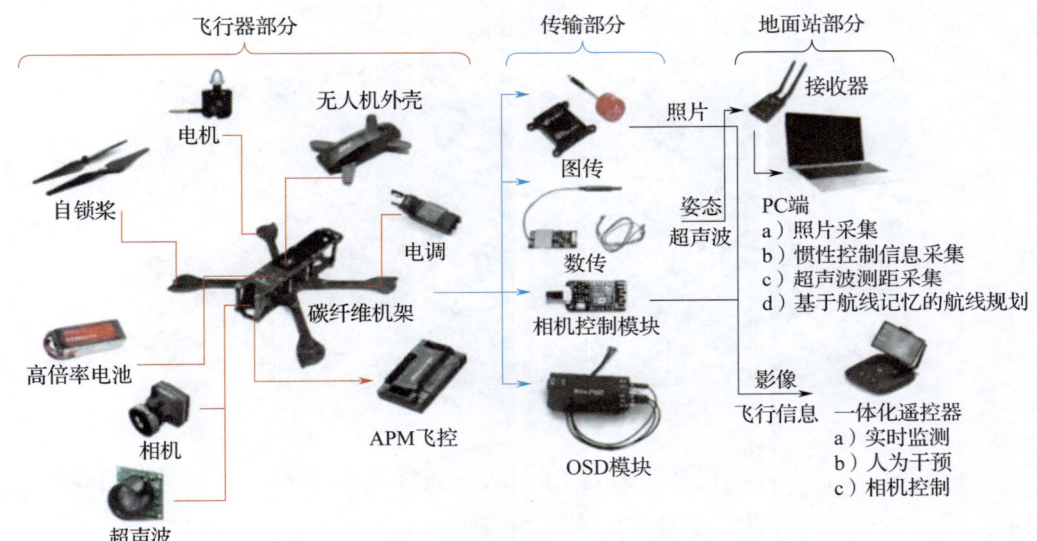

图7-2 无人机的组成结构

2. 制订航拍计划

在执行航拍任务之前，必须提前做好航拍计划，以便达到最佳的拍摄效果，保证航拍任务顺利完成。

步骤1：选择拍摄的主题，如拍摄校园宣传片。

步骤2：勘测拍摄场地，明确场地的边界、地形、主要建筑和地标等信息，以及重点拍摄场景。

步骤3：规划拍摄路线，如校园大门—大学生活动中心—田径场—图书馆—食堂—教学楼。

步骤4：合理安排拍摄时间，航拍无人机的续航时间一般在30分钟左右，对于需要长时间悬停拍摄的场景，要确保电池电量和更换电池时间。

步骤5：提前查看天气预报，选择光照充足的时间，避免大风、雨雪、雷电等恶劣天气进行拍摄。

3. 掌握航拍无人机的拍摄手法

航拍是利用无线电遥控设备和自备的程序控制装置操纵无人驾驶的低空飞行器，搭载高清摄像设备、图像传输设备、GPS 定位系统等，在空中进行拍摄和录像。为了达到更好地展示效果，需要掌握一些拍摄手法。

1）扫描式拍摄：从拍摄主体的一端匀速飞到另一端，镜头没有变化，如图 7-3 所示。

2）90°俯拍：主要用于较为规整的地面俯拍镜头，能够用"上帝视角"把地形地貌及景观布局很好地呈现，带有叙事性的渲染效果，如图 7-4 所示。

图 7-3　无人机扫描式拍摄

图 7-4　无人机 90°俯拍

3）穿越飞行拍摄：对拍摄技巧的要求较高，一般用于穿越桥梁、树林、山峰等相对狭窄的区域，在视觉上能获得更紧张的临场感，如图 7-5 所示。

4）跟随拍摄：一般用于拍摄运动的物体，使用时要注意无人机的飞行高度和周边环境，如图 7-6 所示。可以使用大疆无人机上的指点跟随功能，也可以完全用手动操作。

图 7-5　无人机穿越飞行拍摄

图 7-6　无人机跟随拍摄

5）"刷锅"：又叫作兴趣点环绕，无人机可以通过手动或者一键环绕来实现环绕拍摄被摄物体，可以是一个人、一座塔或者一个建筑物，这种手法主要是交代被摄主体和环境的关系，如图 7-7 所示。

图 7-7　无人机"刷锅"拍摄

> **知识链接**
>
> ### 航拍技巧的重要意义
>
> 　　掌握无人机航拍技巧,对提升拍摄效果、保障飞行安全及实现创意表达都具有重要意义。
>
> 　　在提升拍摄质量方面,掌握合适的飞行高度与角度、无人机的速度和方向控制,以及光线和拍摄时机选择等技巧,能帮助摄影师让画面更清晰、生动且富有层次感,从而显著提升拍摄质量。
>
> 　　在增强飞行安全方面,了解在空旷区域起降、选择光线充足时段拍摄、避免因飞行过高引发安全事故等要点,可有效降低意外风险,为航拍提供安全保障。
>
> 　　在拓宽创作视野方面,借助无人机的飞行特性实现多角度拍摄、高空取景、动态跟拍等创作方式,能打破传统拍摄的局限,帮助摄影师创作出更具创意与艺术价值的作品。
>
> 　　因此,在无人机航拍中,摄影师需熟练掌握并灵活运用这些技巧,以实现更理想的拍摄效果。

任务 2　执行航拍任务

任务描述

　　了解航拍无人机起飞前的准备工作,学会无人机的飞行和拍摄的操作方法,保证航拍任务顺利完成。

任务实施

1. 了解航拍无人机的飞前准备

航拍无人机飞前准备是保证顺利完成航拍任务的前提，任何一个零件破损或电池电量不足，都会导致任务无法完成，甚至会出现无人机炸机的情况，造成无法挽回的损失。

步骤 1：查看无人机机身，检查是否有裂缝、破损或变形的情况，各个部件是否连接牢靠，螺旋桨是否破损变形，如图 7-8 所示。

图 7-8 无人机取出检查

步骤 2：检查电池电量是否充足，有无鼓包现象。正常电池如图 7-9 所示，损坏电池如图 7-10 所示。

 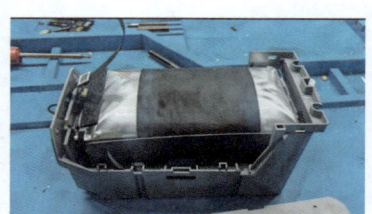

图 7-9 正常电池　　　　图 7-10 损坏电池

步骤 3：检查相机镜头是否干净，安装是否牢固，开启相机，检查功能是否符合预期。

步骤 4：检查遥控器是否有损坏，电量是否充足，能否与无人机进行匹配，信号连接是否稳定。遥控器的组成如图 7-11 所示。

图 7-11 无人机遥控器

步骤 5：选择合适的起飞场地。起飞场地要尽量平坦开阔，周围没有高大建筑物、树木和其他障碍物，防止无人机在起飞阶段发生碰撞；要远离人群，一般建议与人群保持至少 30m 的安全距离。

2. 熟悉航拍无人机的飞行操作

步骤 1：拆除航拍无人机保护罩（见图 7-12），展开机臂（见图 7-13），然后开机（见图 7-14），将机尾朝向拍摄者并将无人机放在水平地面上（见图 7-15）。

图 7-12　拆除保护罩

图 7-13　展开机臂

图 7-14　点击无人机开机键

图 7-15　水平放置

步骤 2：点击遥控器开机键（见图 7-16），点击屏幕左侧起飞按钮（见图 7-17），完成自动起飞。

图 7-16　点击遥控器开机键

图 7-17　点击左侧起飞按钮

步骤 3：操作左边的遥杆，上下拨动控制飞行的高度，左右拨动控制机头的朝向，如图 7-18 所示。

步骤 4：操作右边的遥杆，上下拨动控制飞行的前进和后退，左右拨动控制左右飞行，如图 7-19 所示。

步骤 5：短按遥控器的急停键，可以实现紧急刹车并悬停，如图 7-20 所示。

图 7-18　左遥杆

图 7-19　右遥杆　　　　　　　　图 7-20　急停键

步骤 6：智能返航，点击屏幕左侧图标然后长按屏幕上的"返航"（见图 7-21）或长按遥控器的"返航"按键（见图 7-22）。

图 7-21　屏幕返航键　　　　　　图 7-22　遥控返航按键

3. 掌握航拍无人机的拍摄操作

步骤 1：点击右侧拍照功能按键，可以选择拍照（见图 7-23）、录像（见图 7-24）等模式。

图 7-23　拍照功能键　　　　　　图 7-24　录像功能键

步骤 2：半按遥控器右上方按键可进行自动对焦，全按拍摄照片，如图 7-25 所示。

步骤 3：按下遥控器左上方按键，可进行录像，再次按下则停止，如图 7-26 所示。

图 7-25　拍照按键　　　　　　　　　图 7-26　录像按键

步骤 4：滚动遥控左侧的波轮可调节云台俯仰角度，如图 7-27 所示。

步骤 5：在录像的模式下，滚动遥控右侧的波轮可调节变焦倍数，如图 7-28 所示。

图 7-27　通过左波轮调节云台俯仰角度　　图 7-28　通过右波轮调节变焦倍数

步骤 6：拍摄完成后点击屏幕右下角的相册按钮（见图 7-29），可以查看和下载已拍摄的图片和视频（见图 7-30）。

 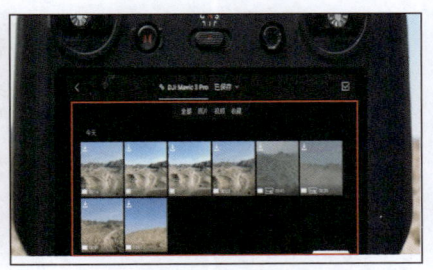

图 7-29　相册按钮　　　　　　　　　图 7-30　图片和视频显示

任务 3　航拍素材 AI 智能处理

任务描述

了解图片和影像处理工具，学会使用 AI 智能处理所拍摄的图片和影像，让所拍素材更加美观。

职业实践指南（AI 赋能版）

任务实施

1. 下载美图秀秀工具

进入"美图秀秀"下载界面，单击"立即下载"，如图 7-31 所示。

图 7-31 下载美图秀秀

2. 美图秀秀 AI 智能处理

步骤 1：双击"美图秀秀"图标，打开美图秀秀工具，选择"图片编辑"，如图 7-32 所示。

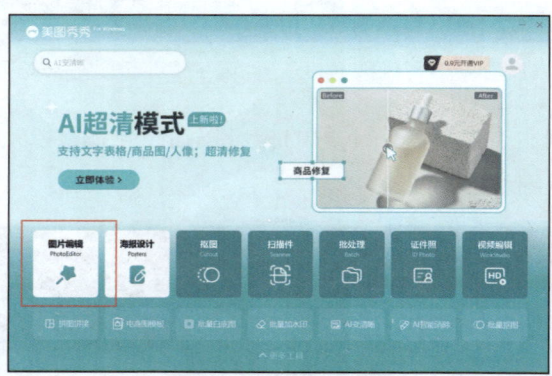

图 7-32 选择图片编辑

步骤 2：进入"图片编辑"页面，单击"打开图片"（见图 7-33），选择提前拍摄好的图片，单击"打开"（见图 7-34）。

   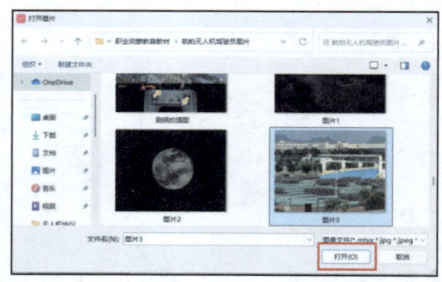

图 7-33 打开图片　　　　图 7-34 选择图片

步骤3：根据作品要求，选择"图片编辑"页面中的各种工具对图片进行处理，如AI变清晰、滤镜、抠图等。通过"AI变清晰"，图7-35中的图片可智能调整为高清图片。

图7-35 图片处理

步骤4：单击右上角的"保存"按钮，保存处理好的图片到相应的文件夹，如图7-36所示。

图7-36 保存图片

> **知识链接**
>
> **美图秀秀**
>
> 　　美图秀秀包括图片美化、人像美容、视频剪辑、视频美容、拼图等影像美化工具，还提供了AI绘画、AI扩图、AI消除以及AI文生图等功能。对于创作者来说，素材后期处理也是非常关键的一步。运用AI智能处理，可以更好地将宣传素材展示出来，给人视觉上的冲击，达到一鸣惊人的效果。

实训　航拍武鸣"三月三"壮乡文化

实训要求：

广西壮族自治区南宁市武鸣区壮乡"三月三"文化历史悠久，每年三月三都会举办

职业实践指南（AI 赋能版）

特色的文化旅游节，旨在弘扬壮乡文化，促进民族团结。期间，有文艺表演、体育赛事、文化展示和特色美食等活动，这不仅丰富了当地群众的文化生活，也吸引了众多游客，促进了当地旅游业的发展。为此，请使用航拍无人机为武鸣"三月三"文化旅游节进行航拍，并制作成宣传视频，宣传壮乡"三月三"的特色，以吸引更多游客前往。

实训提示：

按照航拍任务流程完成实训任务。具体流程是：确定航拍路线—正确操作航拍无人机—运用航拍技巧进行拍摄—将拍摄素材用美图秀秀加工处理—在公众平台上传图片和视频—评估素材宣传效果。

项目7　实训记录表

项目名称	航拍武鸣"三月三"壮乡文化	日期	
班级		姓名（学号）	
确定航拍路线（文字描述）			
正确操作航拍无人机（文字描述）			
运用航拍技巧进行拍摄（文字描述）			
将拍摄素材用美图秀秀加工处理（图片展示）			
在公众平台上传图片和视频（图片展示）			
评估素材宣传效果（文字描述）			

项目7 实训评价表

项目名称	航拍武鸣"三月三"壮乡文化	日期	
班级		姓名(学号)	
评价指标	评价要素	分值	分数评定
航拍任务前期准备	1. 能否正确检查无人机 2. 能否正确规划飞行航线	20	
航拍飞行准备	1. 能否正确启动无人机并与遥控器连接 2. 选择起飞地是否为平坦开阔、周边无障碍物和远离人群的地点	30	
航拍无人机飞行操作	1. 能否操作无人机上下、左右、前后飞行 2. 能否操作无人机转弯飞行,躲避障碍物防止炸机 3. 能否操作无人机悬停、返航和降落	20	
航拍无人机拍摄操作	1. 能否正确操作无人机拍摄按钮,实现镜头调节、拍照和录像等操作 2. 能否找到最佳拍摄角度	10	
素材处理效果	1. 能否熟练使用美图秀秀对素材进行加工处理 2. 加工后的素材能否表达主题,吸引大众	20	
	得分		
实训自评与总结思考			

项目 8

客户服务
——客户服务管理员职业体验

《中华人民共和国职业分类大典（2022年版）》摘录：

4-07-02-03　客户服务管理员

在企业中，从事售前、售中、售后客户服务活动管理工作的人员。

主要工作任务：

1. 策划、组建客户服务管理体系，进行资源配置、人员配置等；
2. 设计、组织现场客户服务活动；
3. 制订售前、售中和售后客户服务制度规范；
4. 进行客户服务培训；
5. 管理和监督一线服务人员工作；
6. 调研企业产品市场发展、用户满意度、产品质量信息等；
7. 管理和监控客户投诉，维护顾客关系；
8. 代表企业进行外部沟通、谈判，处理危机事件，维护企业合法权益；
9. 设计、制订合同中的客户服务条款。

学习目标

知识目标：

- 掌握客户服务体系构建、服务标准制定及服务质量监控的核心要点；
- 理解客户满意度与忠诚度提升的关联策略，并能描述客户关系维护的关键方法；
- 熟悉常见的客户投诉类型和标准化处理流程。

能力目标：

- 能够处理客户异议，解决客户投诉；

项目8案例音频｜扫码收听

- 具备将客户异议具体化的能力，能够识别忠诚客户，建立和维护客户关系，提升客户满意度和忠诚度。

素养目标：
- 树立客户至上的服务理念，具备跨部门协作的职业素养；
- 形成主动反思与持续优化的服务改进意识；
- 培养同理心和情绪韧性，能妥善应对服务场景中的压力与冲突。

思维导图

本项目的思维导图如图 8-1 所示。

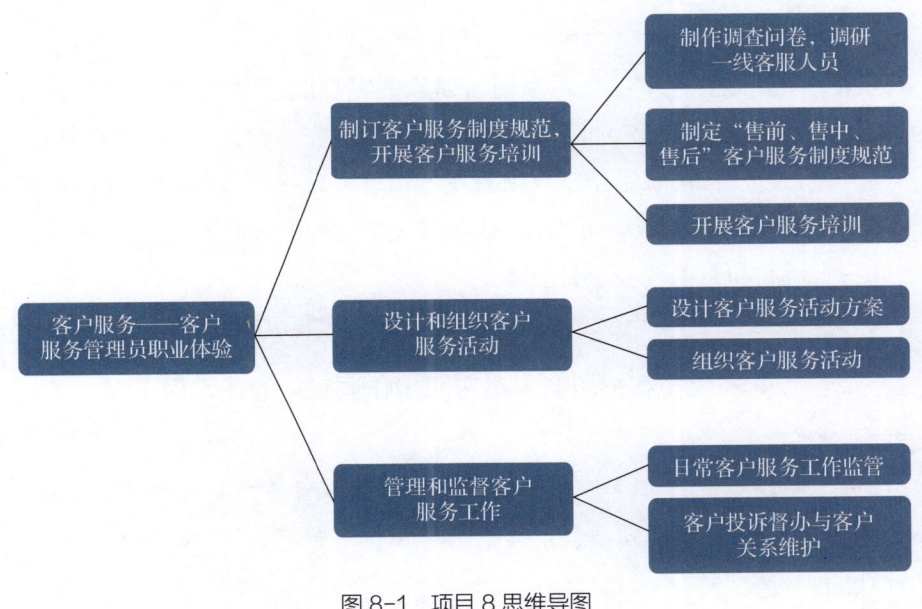

图 8-1　项目 8 思维导图

任务 1　制订客户服务制度规范，开展客户服务培训

任务描述

本任务旨在帮助某数字科技公司的客户服务经理完善客户服务体系。首先通过问卷调查的方式收集一线客服人员的反馈；然后结合公司业务需求，分别制定售前、售中、售后的服务制度规范，确保全程有效管理；最后，组织全体客服人员开展客户服务培训，确保新制度得以贯彻执行，以提升服务标准化水平和服务响应效率。

任务实施

1. 制作调查问卷，调研一线客服人员

调查问卷

调查问卷是一种收集信息和意见的工具，设计一系列问题以了解受访者的观点、态度、行为或特征。这些问题可以是开放式的，也可以是封闭式的，包括单选题、多选题、量表题等形式。调查问卷的目的在于收集数据，以便进行统计分析，理解特定现象或验证假设。调查问卷是获取信息和反馈的重要手段，对于理解人群、优化决策、改进服务或产品具有重要意义。

调查问卷关系到是否能解决公司当前所面临的客户服务制度不规范的问题，是解决问题的开端，因此要精心设计项目，确保能够直击痛点。同时，调查问卷中的问题要简洁清晰和保护隐私，使被调查者乐于反映真实的情况，确保回收的问卷数据真实可靠。

以下是一份调查问卷模板，可借助 AI 工具（如 DeepSeek、豆包、小爱同学等）在此基础上进一步增添和完善调查项目。

AI 指令：请设计一份调研一线客服人员客服工作的调查问卷。

××公司客户服务人员客服工作调查问卷（示例）

亲爱的同事们：

您好！为了更好地提升客户服务质量，我们非常希望能听到您的声音。请您花几分钟的时间填写这份问卷，您的反馈将对我们的工作产生重要影响。谢谢！

1. 您的姓名（选填）：
2. 您的工作岗位：

   A. 售前客服   B. 售中客服

   C. 售后客服   D. 其他（请指明）_____

3. 您在公司的工作年限：

   A. 少于 1 年   B. 1~3 年   C. 3~5 年   D. 5 年以上

4. 您平均每天处理的客户咨询量大约是：

   A. 少于 10 个 B. 10~20 个   C. 20~50 个   D. 50 个以上

5. 您觉得目前的客户服务流程：

   A. 非常高效   B. 比较高效   C. 一般   D. 需要改进

6. 您认为哪些方面的培训和支持可以帮助您更好地完成工作？

A. 产品知识培训　　　　　　　B. 沟通技巧培训
　　C. 压力管理培训　　　　　　　D. 其他（请指明）＿＿＿＿＿
7. 您觉得公司目前提供的客户服务工具和资源：
　　A. 非常充足　　B. 比较充足　　　C. 一般　　　D. 需要增加
8. 您觉得客户服务部门与其他部门（如销售、市场、技术支持）的协作情况如何？
　　A. 非常顺畅　　B. 比较顺畅　　　C. 一般　　　D. 存在困难
9. 您是否有任何建议或想法，可以帮助我们进一步提升客户服务的质量和效率？
＿＿＿＿＿＿＿＿＿＿＿＿＿＿＿＿＿＿＿＿＿＿＿＿＿＿＿＿＿＿＿＿＿＿＿＿
＿＿＿＿＿＿＿＿＿＿＿＿＿＿＿＿＿＿＿＿＿＿＿＿＿＿＿＿＿＿＿＿＿＿＿＿
10. 您对公司的未来发展有什么期待和建议？
＿＿＿＿＿＿＿＿＿＿＿＿＿＿＿＿＿＿＿＿＿＿＿＿＿＿＿＿＿＿＿＿＿＿＿＿
＿＿＿＿＿＿＿＿＿＿＿＿＿＿＿＿＿＿＿＿＿＿＿＿＿＿＿＿＿＿＿＿＿＿＿＿

　　感谢您抽出宝贵的时间参与此次调查！您的反馈对我们至关重要。

2. 制定"售前、售中、售后"客户服务制度规范

　　在完成调查问卷数据整理后，可以针对售前、售中、售后客服环节分别建立服务规范。尽管售前、售中和售后客服在公司中承担不同的职责，但都是构建客户服务体系的关键部分。他们的共同使命是通过专业和周到的服务来满足客户需求，与客户建立并保持良好的关系。具体职责如下：售前客服主要在客户决定购买前进行沟通，了解需求并制定销售策略；售中客服在客户购买过程中提供挑选和产品介绍服务，解答疑问；售后客服则负责商品销售后的售后服务工作，目的是确保客户满意并提升品牌信誉。

　　根据以上信息，分别为售前、售中和售后客服工作设计相应的客户服务制度规范。以下是某公司客户服务工作的制度规范摘要，请先判断这是哪个业务环节的客服，再根据公司的实际情况完善相应的客户服务制度。还可以实地走访一些客服公司，详细了解各类客服制度，同时借助 AI 工具辅助制定更为详细的客服规范，并探讨其中的细节与合理性。

　　AI 指令：请分别为售前、售中和售后客服工作设计客户服务制度。

　　（1）＿＿＿＿＿＿＿客户服务制度规范（示例）

一、客户咨询响应

1. 响应时间：确保在客户咨询后 30 秒内做出响应，提升客户体验。
2. 专业解答：客服需对产品有深入了解，准确解答客户疑问，展现专业性。
3. 服务态度：保持积极、耐心的服务态度，避免使用消极语气。

二、产品服务介绍

1. 准确描述：销售团队必须确保对产品或服务的描述准确无误，避免误导客户。

2. 价格透明：所有产品和服务的价格应清晰透明，无隐藏费用。

三、客户需求分析

1. 细致询问：主动询问客户需求、偏好及预算，提供个性化推荐。

2. 产品介绍：根据客户需求，详细介绍产品的特点、优势及使用方法。

3. 透明沟通：清晰告知产品价格、优惠政策及购买流程，确保客户知情。

四、客户资料管理

1. 资料收集：通过咨询热线、官网等渠道收集客户资料，并进行登记备案。

2. 分类管理：根据客户合作意向，将客户资料分为A、B、C三级，实施差异化服务策略。

3. 隐私政策：必须遵守公司的隐私政策，保护客户的个人信息。

4. 信息安全：采取必要措施，确保客户信息的安全。

（2）_____客户服务制度规范（示例）

一、订单处理

1. 订单确认：客户下单后，及时确认订单信息，确保准确无误。

2. 支付方式：提供多种便捷的支付方式，保障客户支付安全。

二、物流配送

1. 物流合作：与可靠的物流公司合作，确保产品按时、安全送达客户手中。

2. 物流跟踪：提供物流跟踪服务，让客户随时了解订单配送状态。

三、客户关怀

1. 订单跟进：定期跟进订单状态，及时通知客户订单配送进度。

2. 情感交流：通过问候电话、短信等方式，关心客户的使用情况和需求，增强客户黏性。

四、售后准备

1. 售后服务说明：在发货前，向客户提供详细的售后服务说明。

2. 保修政策：明确告知客户产品的保修政策。

（3）_____客户服务制度规范（示例）

一、产品保修

1. 保修政策：明确产品保修期限和保修政策，保障客户在保修期内享有免费维修服务。

2. 维修流程：建立高效的维修流程，确保客户在保修期内能够迅速获得维修服务。

二、售后咨询

1. 咨询渠道：设立专门的售后咨询热线或在线客服，随时解答客户疑问。

2. 专业解答：客服须具备专业知识，准确解答客户关于产品使用、维修等方面的问题。

三、投诉处理

1. 投诉机制：建立健全的投诉处理机制，对客户投诉进行及时、公正的调查处理。

2. 反馈改进：根据客户投诉反馈，不断优化产品和服务，提升客户满意度。

四、客户满意度调查

1. 定期调查：定期进行客户满意度调查，以改进服务。

2. 结果分析：对调查结果进行分析，根据客户反馈优化服务。

五、客户关系维护

1. 定期跟进：定期与客户沟通，了解他们的需求和满意度。

2. 客户忠诚计划：考虑实施客户忠诚计划，奖励忠实客户。

3. 开展客户服务培训

客户服务培训是一个需要精心设计的过程，旨在提升客服人员的工作效率和能力，通常包括以下步骤：

第一，通过问卷调查、面谈或观察等方法进行培训需求分析，确定客服人员的服务水平与公司要求之间的差距，并明确培训的重点领域。

第二，根据需求分析的结果，制订包含培训目标、内容、时间安排、方式、讲师选择和评估方法的详细培训计划。培训内容设计应涵盖公司规章制度、服务标准和流程、沟通技巧、产品知识等方面。培训方式可选择课堂培训、在线培训、实操演练和角色扮演等。

第三，实施培训时，要确保每位客服人员都能参与并理解培训内容。培训结束后，要通过测试和考核来评估培训效果，检查是否达到预期目标。最后，根据评估结果和员工反馈，对培训内容和方式进行调整和优化，并定期组织复训以适应公司服务标准和产品知识的更新。

接下来，针对本次培训制定培训计划、设计培训内容、选择培训方式和评估培训效果。下面是对本次培训活动的初步设计，可借助 AI 工具完善相关内容。

AI 指令：请设计一份客户服务培训方案。

客户服务培训设计（示例）

一、培训计划概述

目标：提升客户服务团队的专业能力、沟通技巧、情绪管理及问题解决能力，增强客户满意度和忠诚度。

时间：为期一周，每天 4 小时，共 28 小时。

二、培训内容设计

1. 客户服务理念、客户服务制度规范与职业道德

内容：介绍公司客户服务理念，强调以客户为中心的服务态度；分业务环节详细讲解和学习新修订的客户服务制度规范；讲解客户服务职业道德规范，如保密性、诚信等。

方式：理论讲解＋案例分析。

2. 产品知识与业务流程

内容：详细讲解公司产品的特点、功能、使用方法及常见问题解决；了解并熟悉客户服务流程，包括接待、咨询、投诉处理等。

方式：产品演示＋模拟操作＋小组讨论。

3. 沟通技巧与情绪管理

内容：教授有效倾听、积极反馈、非言语沟通等技巧；讲解情绪识别与自我调节方法，以应对客户不满或冲突。

方式：角色扮演＋情景模拟＋小组讨论。

4. 问题解决与投诉处理

内容：教授分析问题、制定解决方案的步骤；讲解投诉处理流程、技巧及常见问题的应对策略。

方式：案例分析＋小组讨论＋模拟演练。

5. 团队协作与领导力

内容：强调团队合作的重要性，教授团队协作技巧；针对团队中的潜在领导者，进行基础领导力培训。

方式：团队建设活动＋领导力工作坊。

三、评估培训效果

1. 即时反馈

在每个培训环节结束后，收集学员的即时反馈，了解培训内容和方式的接受度。

2. 知识测试

设计笔试或在线测试，检验学员对产品知识、业务流程及沟通技巧的掌握程度。

3. 实操考核

通过模拟客户服务场景，对学员的实际操作能力进行考核。

4. 长期跟踪

在培训结束后一段时间内，通过客户满意度调查、服务质量监测等方式，评估培训

成果在实际工作中的应用效果。

5. 总结与反馈

组织培训总结会议,邀请学员分享学习心得和改进建议;根据评估结果,对培训计划进行持续优化。

任务2　设计和组织客户服务活动

任务描述

本任务要求客户服务经理依托实体门店策划线下客户互动活动。通过设计客户服务活动方案和组织客户服务活动,旨在增强客户黏性、收集客户实时反馈,同时锻炼客服人员的临场应变与沟通协作能力。

任务实施

1. 设计客户服务活动方案

想要设计一场预期效果良好的客户现场活动,需注意以下九个关键节点:

1)明确活动目标和客户需求,确保活动方案精准对接。
2)选择恰当的活动日期,避免与重要事件冲突,并合理安排时间表。
3)设计活动内容和形式,如产品展示、互动游戏等,以吸引客户。
4)制定活动流程,包括签到、表演、互动等环节,确保流程顺畅。
5)制定活动预算,控制成本,确保活动效果。
6)挑选合适的活动场地,满足活动规模和客户需求。
7)制订并执行宣传计划,通过多种渠道吸引客户。
8)确保现场执行和细节处理,如签到、引导等,提升客户体验。
9)活动结束后进行评估和总结,为未来活动提供改进方向。

下面是初步设计的本次客户服务活动方案,请借助 AI 工具完善相关内容。

AI 指令:请设计并完善一份 ×× 公司客户服务活动方案。

×× 公司客户服务活动方案(示例)

一、活动背景与目的

1. 背景分析

随着市场竞争的加剧,优质的客户服务已成为企业赢得客户信任和忠诚度的关键。

为了进一步提升客户体验,增强客户黏性,同时收集客户反馈以优化产品和服务,我们决定举办此次客户服务活动。

2. 活动目的

1)增强客户互动:通过面对面的交流,加深客户对公司及产品的了解与信任。

2)收集客户反馈:直接听取客户意见与建议,为产品和服务的持续改进提供依据。

3)展示品牌形象:通过专业的服务态度和高效的解决方案,展现公司的专业能力和品牌形象。

4)提升员工技能:为客服团队提供实战演练的机会,提升其沟通、协调及解决问题的能力。

二、活动时间与地点

时间:选择客户相对空闲的周末或节假日,如××月××日(周六),上午9:00至下午5:00。

地点:公司展厅/会议中心或租用的专业活动场地,确保场地宽敞、设施齐全、交通便利。

三、活动内容与流程

1. 活动前准备

1)确定活动主题与口号,如"心连心,服务零距离"。

2)邀请目标客户群体,通过邮件、短信、社交媒体等渠道发送邀请函。

3)准备活动物资,包括宣传资料、产品展示样品、客户反馈表、小礼品等。

4)对客服团队进行专业培训,确保每位成员都能提供专业、热情的服务。

2. 活动当天流程

1)签到与迎宾:设置签到处,为到场的客户发放活动手册、小礼品及纪念品。

2)开场致辞:由公司高层领导致开幕词,介绍活动目的、流程及亮点。

3)产品展示与体验:安排专人讲解产品特点、使用技巧及优势,设置体验区让客户亲身体验。

4)一对一咨询服务:设立咨询台,由客服团队为客户提供一对一的解答和服务。

5)客户反馈收集:发放客户反馈表,鼓励客户提出宝贵意见和建议。

6)互动环节:设置抽奖、问答等互动环节,增加活动趣味性和参与度。

7)闭幕总结:总结活动亮点,感谢客户参与,并宣布后续服务计划。

3. 活动后期跟进

1)对收集到的客户反馈进行整理和分析,制定改进措施。

2)向客户发送感谢信或邮件,感谢其参与并告知改进措施的实施情况。

3)对客服团队的表现进行评估,总结经验教训,为下次活动做准备。

四、预算规划

根据活动规模、场地租赁、物资准备、人员培训等情况制定详细预算,确保活动顺利进行且成本可控。

五、风险评估与应对措施

1)天气因素:关注天气预报,准备应急方案,如调整活动日期或地点。

2)人员流动:加强现场秩序维护,确保客户安全有序地参与活动。

3)技术故障:提前进行设备检查与调试,准备备用设备以防万一。

2. 组织客户服务活动

以小组为单位,按完善好的活动方案模拟开展客户服务活动,并将活动的详细过程记录在表 8-1 中。活动结束后,小组成员相互评价,并由指导教师点评每个小组的活动组织情况。

表 8-1 客户服务活动实施报告表

姓名		学号		班级	
实施地点			实施日期		
实施报告					
自评					
小组互评					
教师评价					

任务 3　管理和监督客户服务工作

任务描述

本任务聚焦客户服务管理的日常监督与优化。通过制定客服人员工作质量评价表、督办客诉处理流程、落实客户关系维护策略,实现对服务流程的闭环管理,推动服务品质持续提升。

任务实施

1. 日常客户服务工作监管

日常客户服务工作的管理与监督是客户服务管理员的基础与核心职责,这对保障服务顺畅、提升客户满意度和企业运营效率意义重大，主要包括：

1）服务流程与标准：制定并执行完善的流程和标准，确保客服人员遵循提供高质量服务的原则。

2）客服团队管理与培训：①日常管理：进行排班管理，保证高峰时段人手充足；②培训工作：持续开展产品知识、沟通技巧、情绪管理等方面培训以提升客服专业能力和服务质量。

3）监督工作：①指标关注：密切关注接听电话数量、解决问题效率、客户满意度等关键指标，定期收集分析数据，评估团队表现并制定改进措施；②直接监督：通过监听通话、查看聊天记录等方式监督客服服务质量，确保遵循流程标准并提供优质服务。

接下来设计一个客服人员工作质量评价表，以便更好地管理和监督客服工作质量。通过实地走访客服公司，详细了解其客服工作质量的评价方法，并借助 AI 工具制作和完善客服人员工作质量评价表。

AI 指令：请制作一份客服人员工作质量评价表（见表 8-2）。

表 8-2　客服人员工作质量评价表（示例）

基本信息			
姓名		部门	
岗位		评价日期	
评价项目			
一、沟通技巧	1. 礼貌程度	各项满分：5 分	得分：_____
	2. 语言表达能力		得分：_____
	3. 问题理解能力		得分：_____
二、解决问题的效率	1. 平均响应时间	各项满分：5 分	得分：_____
	2. 问题解决率		得分：_____
	3. 客户满意度反馈		得分：_____
三、团队协作	1. 协助同事情况	各项满分：5 分	得分：_____
	2. 共同项目参与度		得分：_____
四、自我提升与学习能力	1. 专业知识更新	各项满分：5 分	得分：_____
	2. 培训参与度		得分：_____
	3. 自我反思与改进		得分：_____
总评			
总分（满分：55 分）			
综合评价与建议			

2. 客户投诉督办与客户关系维护

客户服务管理员要监督客户服务部门处理客户建议与投诉，通过相应措施确保客户声音被倾听、问题得以及时解决并优化服务流程来提升满意度、维护企业与客户关系，具体措施包括：

1）迅速响应客户投诉：及时接收、准确记录投诉信息并立即启动处理流程，与一线客服一起与客户密切沟通、及时反馈进展，深入分析投诉原因与解决方案以从根源解决问题。

2）具备沟通与情绪管理能力：在客诉处理中，一线客服人员和客户可能会产生情绪波动，管理员要安抚并指导一线客服人员，面对客户不满抱怨时保持冷静和耐心，认真倾听客户诉求、疏导客户情绪，引导客户完整表达意见和建议，尽力满足其合理要求以体现企业诚意和责任感。

AI 工具可以很好地帮助一线客服人员模拟练习在现实工作中可能遇到的客诉问题。下面以"DeepSeek"为例，展示模拟售后客服处理客户诉求的过程，客户由"DeepSeek"扮演。

AI 指令：请"DeepSeek"扮演客户，我扮演客服，模拟客服接待客户并处理客户诉求的真实场景。

模拟售后客服处理客户诉求（示例）

DeepSeek（客户）：（呼吸急促）您好！我在用你们的智能家居 App 控制客厅灯光时，所有设备突然显示离线状态。我已经重启了路由器、重装了 App，甚至恢复了出厂设置，现在连设备都扫描不到了！今晚有重要客人要来，这种故障太致命了！你们必须立刻给我解决方案！（用力拍打纸张声）

我（客服）：亲爱的 × 先生您好，首先非常抱歉我司产品给您带来了不好的用户体验，在此先向您致以诚挚的歉意！请问一下您是什么时候通过什么渠道购买的我司产品？我需要先查询一下您的用户信息，之后尝试远程检修您的设备故障问题，谢谢您的配合。

DeepSeek（客户）：（呼吸逐渐急促）啊？现在还要查购买信息？我半年前在××旗舰店买的××××套装！订单号是××××！你们系统里难道没有客户紧急备案通道吗？（鼠标快速点击声）听着！我现在不需要走流程！要么十分钟内让我的灯具恢复在线，要么立刻派技术人员上门！（背景传来门铃催促声）

我（客服）：× 先生您好，非常感谢您提供的客户信息，我们非常理解您焦急的心情，因此我们的工程师已经立即开始远程处理您的问题了。请您在 3 分钟后，尝试重启设备。我们也非常希望您的问题能得到顺利解决，请您耐心等待一下，非常感谢您的理解和配合!

DeepSeek(客户):(电流杂音中突然传出设备启动音效)灯亮了!但为什么温控器还显示离线?!(键盘敲击声突然停止)等等,客厅主灯又在闪红光!这根本不是正常状态!(玻璃杯重重砸在桌面上)我要求你们技术主管立刻回电!否则明天就向消费者协会投诉!(电话背景音传来客人惊讶的惊呼声)

我(客服):真的对不起,×先生,我们再次就您遇到的设备问题致以诚挚的歉意。我们这边看到您的设备系统是在逐渐恢复正常的,客厅主灯闪红光可能是由于贵小区电压不稳造成的设备控制失灵,我们这就安排技术负责人联系您,请您稍候,不要挂断电话。

……

(未完待续)

在客户关系维护方面,客户服务管理员应做到以下几点:
1)建立信任:保持诚信,遵守承诺,积极倾听并解决客户问题。
2)提供优质服务:了解并满足客户需求,不断创新改进服务。
3)定期沟通:通过多种方式与客户保持联系,了解需求和反馈。
4)关注需求变化:及时调整产品和服务,通过数据分析提供精准服务。
5)解决问题:积极响应并解决问题,记录和分析问题以避免重复发生。
除此之外,客户服务管理员还可以通过以下方式进一步维护客户关系。
1)举办客户活动:如座谈会、产品体验活动等,了解客户的需求和意见,同时提升客户对品牌的认同感和忠诚度。
2)个性化关怀:如客户生日时发送祝福短信或礼物,定期关注客户使用产品的情况,并提供针对性的解决方案。
3)建立客户俱乐部:提供一个平台让客户相互交流、分享经验,增进彼此之间的友谊。
4)实施客户奖励计划:对客户的忠诚度和贡献度给予奖励,激发客户的积极性。

实训　客户服务管理员日常工作体验

实训要求:

请分组前往不同类型企业(如电商平台、金融机构、零售企业等)的客户服务部门进行实地调研。通过与在职客服管理人员交流，深入了解其工作制度、服务流程、投诉处理机制及客户关系维护策略，并撰写职业调研报告（需包含企业类型、岗位职责、工作挑战及优化建议）。

实训提示：

1）调研准备：提前预约企业参访，明确调研目标和问题清单（如服务标准制定、客户满意度提升方法）。

2）实地观察重点：记录客服中心的现场管理方式（如工位布局、监督工具使用），收集客户投诉处理流程、客户关系维护的创新做法（如会员活动设计）。

3）报告撰写：分析不同行业客服管理的共性与差异（如电商注重响应速度，金融业侧重风险管控），反思职业能力提升方向。

项目8 实训记录表

项目名称	客户服务管理员日常工作体验	日期	
班级		姓名（学号）	
企业类型	□电商平台　□金融机构　□零售企业　□其他：_____		
岗位职责观察	1. 日常监管方式：_____ 2. 投诉处理流程：_____ 3. 客户关系维护策略：_____		
工作挑战	1. 高频问题：_____ 2. 团队协作难点：_____		
优化建议	1. 流程改进：_____ 2. 工具创新：_____		
职业启发	（结合素养目标，描述个人能力提升方向）		

项目 8 实训评价表

项目名称	客户服务管理员日常工作体验	日期	
班级		姓名（学号）	
评价指标	评价要素	分值	分数评定
客户服务制度规范的制定与执行	1. 售前、售中、售后各环节服务制度规范的完整性与针对性 2. 规范内容是否符合行业标准和企业实际需求（如响应时间、专业解答、隐私保护等） 3. 制度执行效果（通过客户满意度、投诉率等数据验证） 4. 是否通过问卷调研、员工反馈等方式动态优化制度规范	20	
客户服务培训的规划与实施	1. 培训计划的科学性（目标明确、内容全面、时间合理） 2. 培训方法的多样性（理论讲解、案例分析、角色扮演等） 3. 培训效果评估机制（知识测试、实操考核、长期跟踪） 4. 员工能力提升程度（沟通技巧、产品知识、投诉处理能力等）	20	
客户服务活动的设计与组织	1. 活动目标的明确性与客户需求的匹配度（如增强互动、收集反馈等） 2. 活动流程的顺畅性（签到、产品展示、咨询、互动环节等） 3. 客户参与度与满意度（通过反馈表、互动数据量化） 4. 活动后续跟进措施（改进方案制定、客户关系维护）	20	
客户投诉处理与关系维护能力	1. 投诉响应速度与解决效率（是否在承诺时间内完成处理） 2. 情绪管理与沟通技巧（能否安抚客户情绪并达成共识） 3. 投诉问题的根本性解决（是否通过数据分析避免重复问题） 4. 长期关系维护策略（个性化关怀、客户俱乐部、忠诚度计划等）	20	
团队管理与服务质量监督	1. 一线客服人员的排班合理性（高峰时段人力充足） 2. 工作质量监控的全面性（指标覆盖沟通技巧、问题解决率、客户满意度等） 3. 绩效考核的公平性与激励性（评价表设计科学、结果可用于改进） 4. 团队协作能力提升（跨部门协作效率、团队建设活动效果）	20	
得分			
实训自评与总结思考			

项目 9
数据分析
——商务数据分析师职业体验

《中华人民共和国职业分类大典（2022年版）》摘录：

4-07-02-05　商务数据分析师 S

从事商务行为相关数据采集、清洗、挖掘、分析，发现问题、研判规律，形成数据分析报告并指导他人应用的人员。

主要工作任务：

1. 采集、清洗企业商务数据，建立商务数据指标体系；
2. 分析、挖掘商务数据，产出数据模型；
3. 撰写、制作、发布可视化数据和商务分析报告；
4. 提供数据应用咨询服务；
5. 分析、总结及可视化呈现业务层面数据应用情况；
6. 监控数据指标，识别、分析业务问题与发展机会，提出解决策略。

本职业包含但不限于下列工种：

贸易数据申报师　智能商务策划师

学习目标

知识目标：

- 理解什么是数据分析；
- 掌握商务数据分析的工具。

能力目标：

- 能够运用官方统计平台进行数据查询与获取；
- 能够熟练使用数据分析工具。

项目9案例音频 | 扫码收听

素养目标：
- 培养学生创新意识，积极在工作中探索创新；
- 培养学生数据保护的意识，做好数据管理和保护。

思维导图

本项目的思维导图如图 9-1 所示。

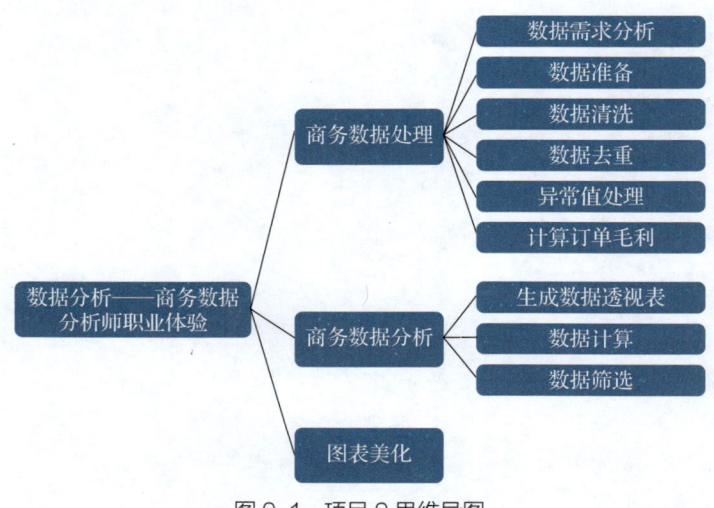

图 9-1 项目 9 思维导图

任务 1 商务数据处理

任务描述

能够用 Excel 分析企业商务数据，建立商务数据指标体系。本任务以广西南宁某便利商店 2024 年 6 月份各类商品的销售数据为例，在此数据基础上对数据进行处理，整理出所有订单的毛利。

任务实施

1. 数据需求分析

数据需求分析是指根据数据分析目标、确定所需数据的类型、字段、数量和时间范围。

步骤1：数据分析目标。需要获取商店某一时间段内每笔订单的商品销售数据，包括商品名称、商品类别、销售单价、销售金额、销售数量等。

步骤2：确定所需数据。分析商店的商品种类和价格情况，需要对商品销售的数量和毛利进行排序和筛选，确定商品销售数量和毛利之间的关系。

2. 数据准备

将数据文件存储为 Excel 格式，并将数据文件命名为"商品销售数据 .xlsx"。

3. 数据清洗

> **知识链接**
>
> **数据清洗**
>
> 数据清洗是指对数据进行处理和加工，以使其适合进行分析和建模。数据清洗包括去除重复数据、填补缺失值、处理异常值和转换数据格式等操作，以提高数据的准确性和可靠性。数据清洗通常是数据处理过程的一个必要步骤，它可以消除数据错误和噪声，并提高分析和建模的精度。

用 Excel 打开"商品销售数据 .xlsx"，保留后续分析中需要用到的"订单日期""商品名称""商品大类""销售数量""进货单价""销售单价""销售金额"字段，并删除其余字段及数据，如图 9-2 所示。

图 9-2　数据清洗

4. 数据去重

步骤1：将鼠标光标放在任意有数据的单元格内，按 <Ctrl+A> 组合键选中所有数据，在功能区选择"数据"栏，单击"删除重复值"，如图 9-3 所示。

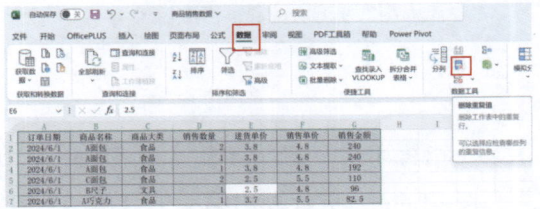

图 9-3　选取重复值

步骤 2： 在“删除重复值”对话框中，勾选所有字段，单击“确定”以删除数据中的重复值，如图 9-4 所示。

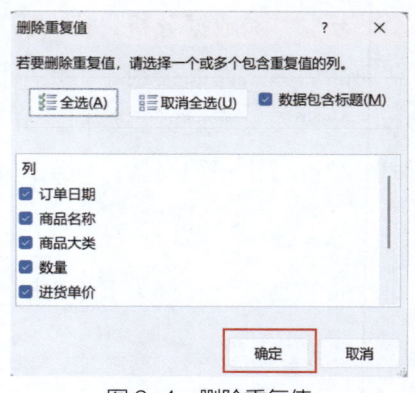

图 9-4　删除重复值

5. 异常值处理

步骤 1： 根据“销售数量 = 销售金额 / 销售单价”，发现数据中的“销售数量”字段的数值存在错误，需要进行异常值处理。首先，在“D2”单元格中输入公式“=G2/F2”，按 <Enter> 键计算出正确的“销售数量”值，如图 9-5 所示。

F2　　fx　=G2/F2

	A	B	C	D	E	F	G
1	订单日期	商品名称	商品大类	销售数量	进货单价	销售单价	销售金额
2	2024/6/1	A面包	食品	=G2/F2	3.8	4.8	240
3	2024/6/1	A面包	食品	1	3.8	4.8	240
4	2024/6/1	A面包	食品	1	3.8	4.8	192
5	2024/6/1	C面包	食品	2	2.5	5.5	110
6	2024/6/1	B尺子	文具	1	2.5	4.8	96

图 9-5　异常值处理

步骤 2： 双击“D2”单元格的“填充柄”（见图 9-6），计算所有订单的正确销售数量。

D2　　fx　=G2/F2

	A	B	C	D	E	F	G
1	订单日期	商品名称	商品大类	销售数量	进货单价	销售单价	销售金额
2	2024/6/1	A面包	食品	50	3.8	4.8	240
3	2024/6/1	A面包	食品	1	3.8	4.8	240
4	2024/6/1	A面包	食品	1	3.8	4.8	192
5	2024/6/1	C面包	食品	2	2.5	5.5	110
6	2024/6/1	B尺子	文具	1	2.5	4.8	96
7	2024/6/1	A巧克力	食品	1	3.7	5.5	82.5
8	2024/6/1	C饼干	食品	1	3.8	4.5	81
9	2024/6/1	A蛋糕	食品	1	2.5	5.7	68.4
10	2024/6/1	B饼干	食品	1	5.53	6.5	65
11	2024/6/1	B饼干	食品	1	5.53	6.5	58.5
12	2024/6/1	A面包	食品	2	3.8	4.8	57.6
13	2024/6/1	A巧克力	食品	1	3.7	5.5	55
14	2024/6/1	A尺子	文具	2	3.8	5.5	55
15	2024/6/1	C面包	食品	1	2.5	5.5	55
16	2024/6/1	A面包	食品	2	3.8	4.8	52.8
17	2024/6/1	B面包	食品	1	3.8	5.5	49.5
18	2024/6/1	A面包	食品	1	3.8	4.8	48
19	2024/6/1	A面包	食品	2	3.8	4.8	48
20	2024/6/1	A面包	食品	2	3.8	4.8	48

图 9-6　计算销售数量

6. 计算订单毛利

步骤 1： 根据“毛利 =（销售单价 − 进货单价）× 数量”，在“H2”单元格中输入公式“=（F2−E2）*D2”，按 <Enter> 键计算出第一笔订单的毛利，如图 9-7 所示。

D2 =(F2-E2)*D2

	A	B	C	D	E	F	G	H
1	订单日期	商品名称	商品大类	销售数量	进货单价	销售单价	销售金额	毛利=（销售单价-进货单价）×数量
2	2024/6/1	A面包	食品	50	3.8	4.8	240	=(F2-E2)*D2
3	2024/6/1	A面包	食品	50	3.8	4.8	240	
4	2024/6/1	A面包	食品	40	3.8	4.8	192	
5	2024/6/1	C面包	食品	20	2.5	5.5	110	
6	2024/6/1	B尺子	文具	20	2.5	4.8	96	
7	2024/6/1	A巧克力	食品	15	3.7	5.5	82.5	
8	2024/6/1	C饼干	食品	18	3.8	4.5	81	
9	2024/6/1	A蛋糕	食品	12	2.5	5.7	68.4	
10	2024/6/1	B饼干	食品	10	5.53	6.5	65	

图 9-7 计算第一笔订单毛利

步骤 2：双击“H2”单元格的“填充柄”，计算所有订单的毛利，如图 9-8 所示。

H2 =(F2-E2)*D2

	A	B	C	D	E	F	G	H
1	订单日期	商品名称	商品大类	销售数量	进货单价	销售单价	销售金额	毛利=（销售单价-进货单价）*数量
2	2024/6/1	A面包	食品	50	3.8	4.8	240	50.00
3	2024/6/1	A面包	食品	50	3.8	4.8	240	50.00
4	2024/6/1	A面包	食品	40	3.8	4.8	192	40.00
5	2024/6/1	C面包	食品	20	2.5	5.5	110	60.00
6	2024/6/1	B尺子	文具	20	2.5	4.8	96	46.00
7	2024/6/1	A巧克力	食品	15	3.7	5.5	82.5	27.00
8	2024/6/1	C饼干	食品	18	3.8	4.5	81	12.60
9	2024/6/1	A蛋糕	食品	12	2.5	5.7	68.4	38.40
10	2024/6/1	B饼干	食品	10	5.53	6.5	65	9.70

图 9-8 计算所有订单毛利

任务 2 商务数据分析

任务描述

能够根据数据分析目标选择适当的数据分析方法。本任务采用“数据透视表”对订单数据进行分析，旨在找出该商店 6 月份食品类、文具类销售金额排名第一的商品，及其销售数量及毛利。

任务实施

1. 生成数据透视表

知识链接

数据分析

数据分析是指用适当的统计分析方法对收集来的大量数据进行分析，并将它们加以汇总和理解，以求最大化地开发数据的功能，发挥数据的作用。数据分析是为了提取有用信息和形成结论而对数据加以详细研究和概括总结的过程。

步骤1：将光标放在数据区域的任意单元格中，单击菜单栏"插入"→"数据透视表"，选择"表格和区域"，如图9-9所示。

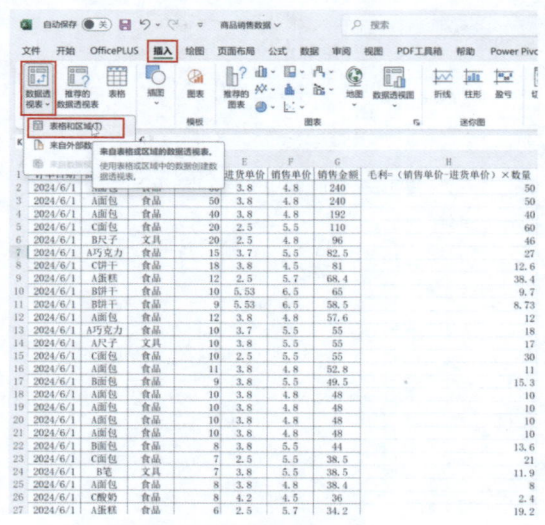

图9-9 选择数据透视表

步骤2：在弹出的"来自表格或区域的数据透视表"对话框中，选中"新工作表"，单击"确定"（见图9-10），生成数据透视表"Sheet1"，如图9-11所示。

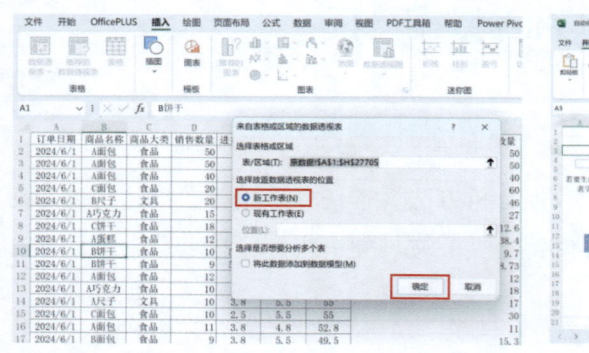

图9-10 数据透视表选项

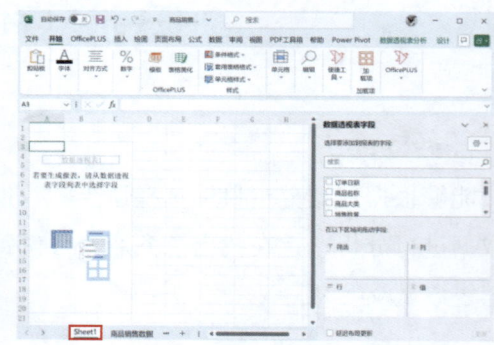

图9-11 生成数据透视表

2. 数据计算

步骤1：在"数据透视表字段"区域，分别将"商品大类""商品名称"字段拖入"行"区域，将"销售金额""销售数量""毛利"字段拖入"值"区域，得到分类统计后的数据透视表，如图9-12所示。

步骤2：单击"B"列下的任一单元格，右击，在弹出菜单中选择"排序"→"降序"（见图9-13），按照销售金额的降序对数据进行排列。

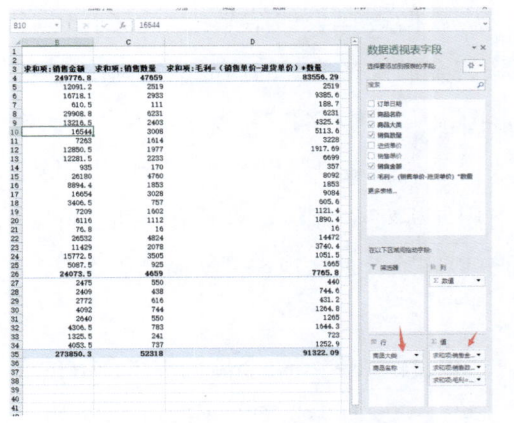
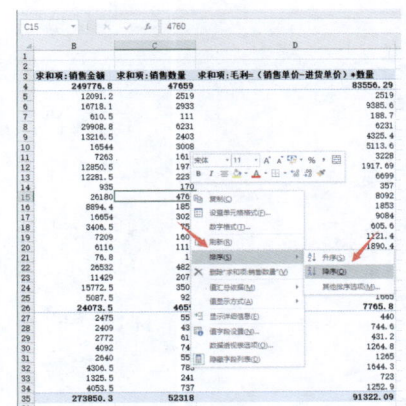

图 9-12　数据透视表结果　　　　图 9-13　排列数据

步骤 3：由此得到在不同商品大类下，各种商品的销售金额从大到小的排序结果，如图 9-14 所示。

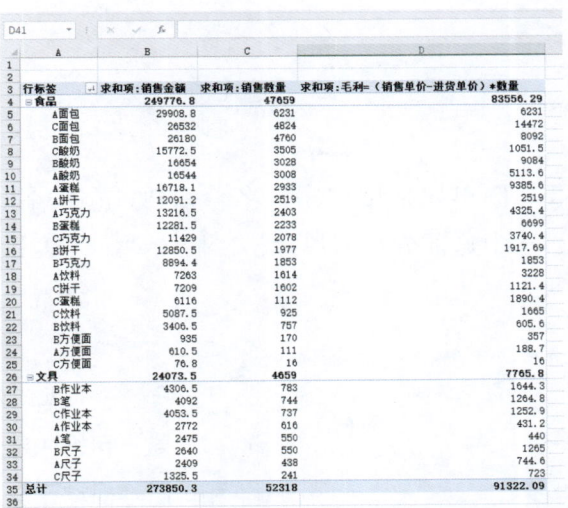

图 9-14　对销售金额进行排序

3. 数据筛选

步骤 1：根据订单数据找出该零售商店在 2024 年 6 月食品类、文具类销售金额排名第一的商品，及其销售数量及毛利，见表 9-1。

表 9-1　2024 年 6 月食品类、文具类销售金额排名第一的商品及其销售数量、毛利一览表

类别	商品名称	销售数量/个	毛利/元
食品类	A 面包	6231	6231
文具类	B 作业本	783	1644.3

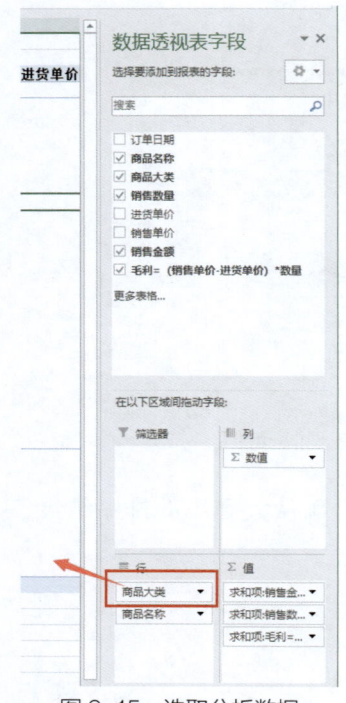

步骤2：从数据透视表的结果中，得到该零售商店在2024年6月销售金额排名前五的商品，并画出这5种商品的三维簇状柱形图，从销售利润的角度对前五种商品进行分析。首先，在"数据透视表字段"区域的"行"下面找到"商品大类"字段，用鼠标将"商品大类"拖动到"行"区域之外（见图9-15），以删除数据透视表中"商品大类"的选项，仅保留"商品名称"字段。

步骤3：选中食品类"销售金额"排名前五的商品数据，并将数据"复制"后"粘贴"到工作表F3~I8的空白区域，如图9-16所示。

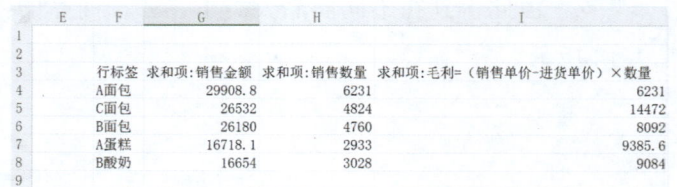

图9-15 选取分析数据　　　　图9-16 拖动选取数据

步骤4：依次将F3~I3单元格中的字段名修改为"商品名称""销售金额""销售数量"和"毛利"，选中这部分数据单元格，插入"三维簇状柱形图"，如图9-17所示。

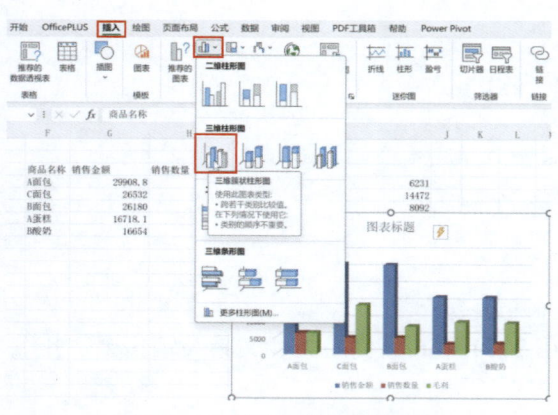

图9-17 生成三维簇状柱形图

> **知识链接**
>
> **数据可视化**
>
> 数据可视化是通过图表、图形和地图等视觉元素，将信息和数据以图形化的方式呈现的技术手段。这种直观的表达形式能帮助人们更便捷地识别数据的变化趋势、发现异常值，并理解潜在的模式特征。

步骤5：单击"图表标题"文本框，删除"图表标题"四个字，并输入"六月销售金额排名前五的商品"以更改图表标题，如图9-18所示。

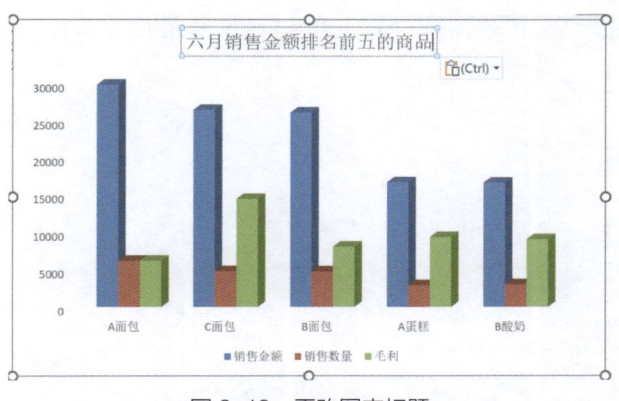

图 9-18　更改图表标题

任务 3　图表美化

任务描述

利用 Excel 的图表美化工具对任务 2 中生成的食品类销售金额排名前五的商品三维簇状柱形图进行美化,以增强数据分析结果的可视化效果。

任务实施

步骤 1:将图例位置设置为右上。单击图表右上角的"图表元素",勾选"图例",在其子菜单中选择"更多选项",如图 9-19 所示。

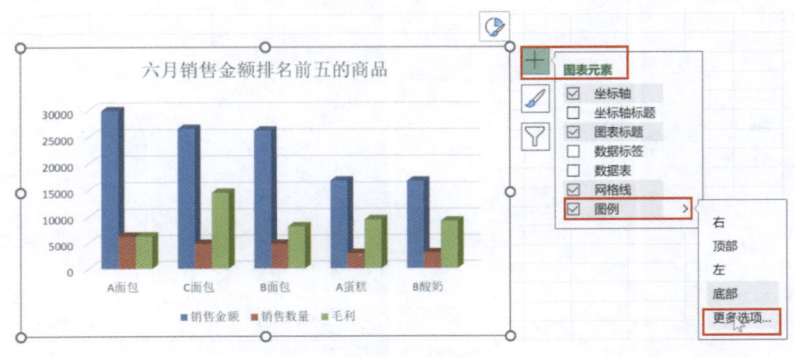

图 9-19　标注图例

步骤 2:在弹出的"设置图例格式"对话框中,"图例位置"选中"右上",如图 9-20 所示。

步骤 3:给图表添加数据标签(保留两位小数),标明具体的销售金额。单击销售金额所在的蓝色"柱形",再单击图表右上角的"图表元素",勾选"数据标签",为"销售金额"添加数据标签,如图9-21所示。

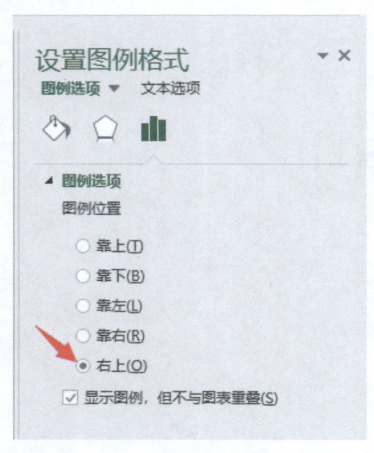

图9-20 设置图例位置

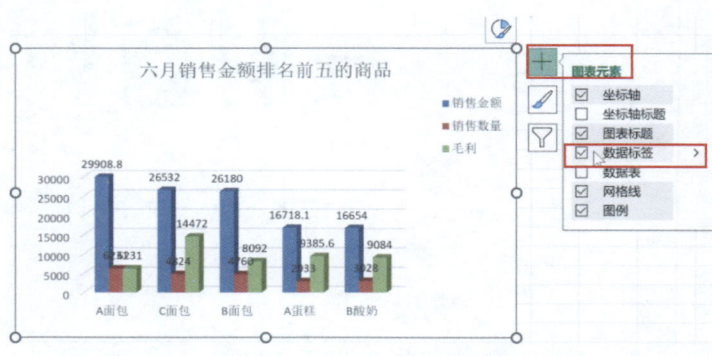

图9-21 给图表添加数据标签

步骤4:单击添加后的"数据标签",在弹出的"设置数据标签格式"对话框中单击"标签选项",在"数字"→"类别"中选择"数字","小数位数"为"2",如图9-22所示。

步骤5:设置坐标轴标题,将横坐标标题命名"商品名称"并居中,纵坐标标题命名为"销售金额(元)"并设置为竖排。单击图表右上角的"图表元素",勾选"坐标轴标题",在横坐标标题处输入"商品名称",纵坐标标题处输入"销售金额(元)",如图9-23所示。

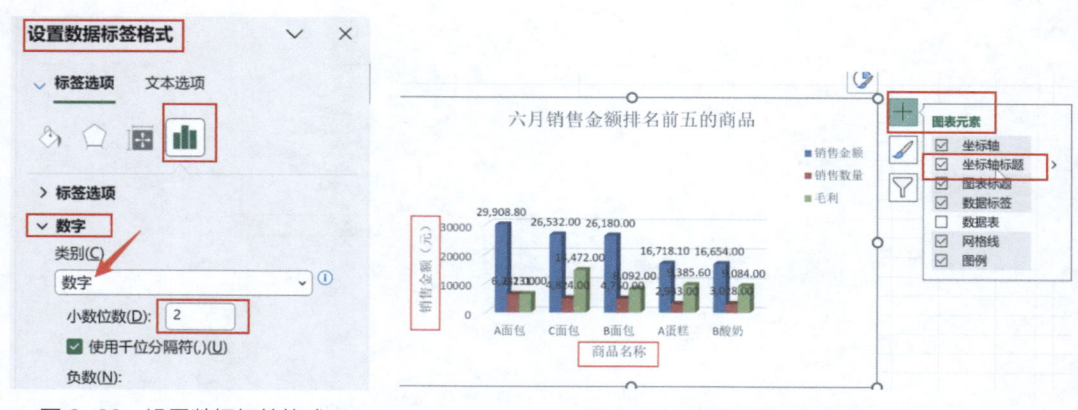

图9-22 设置数据标签格式　　　　　图9-23 设置横纵坐标标题

步骤6:右击纵坐标标题区域,选择"设置坐标轴标题格式"(见图9-24),在弹出的"设置坐标轴标题格式"对话框中,"文字方向"下拉列表选择"竖排"(见图9-25)。

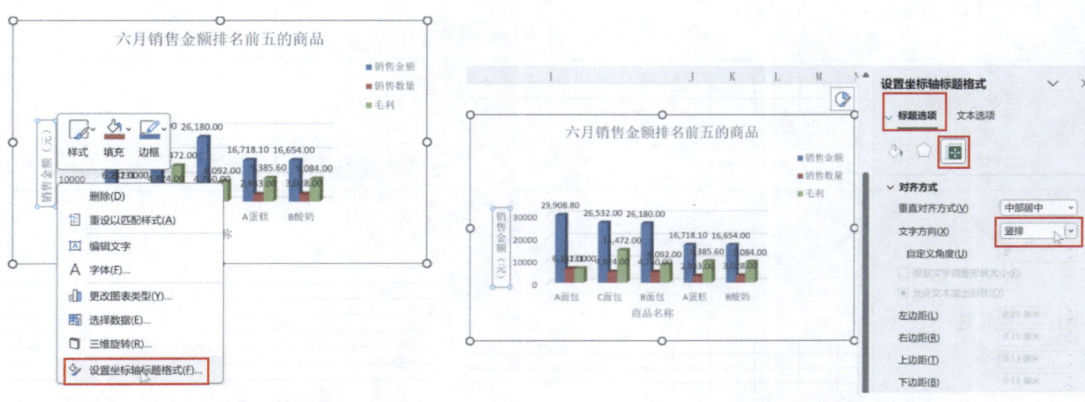

图 9-24　设置坐标轴标题格式　　　　　图 9-25　设置坐标文字方向

步骤 7：删除网格线。取消勾选"图表元素"下的"网格线"选项（见图 9-26），得到美化后的图表（见图 9-27）。

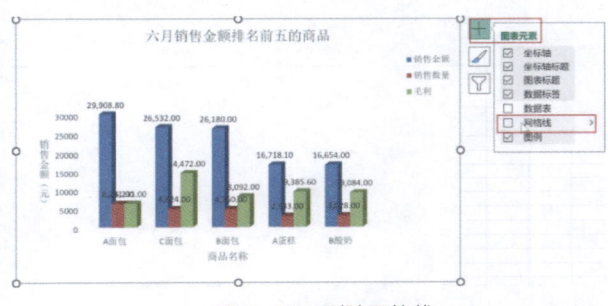
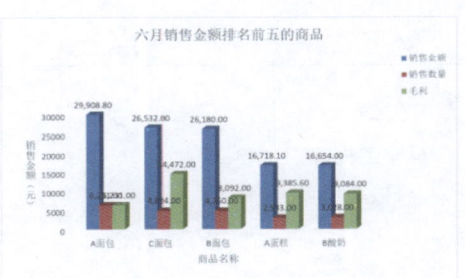

图 9-26　删除网格线　　　　　　　　　图 9-27　美化后的三维簇状柱形图

实训　广西壮族自治区对外经济贸易基本情况数据分析

实训要求：

通过国家统计局官网查找近三年广西壮族自治区对外经济贸易数据，并对数据进行分析处理，分析得出近三年广西壮族自治区对外经济贸易的基本情况。

实训提示：

1）数据获取方法：在国家统计局官网的搜索栏中搜索"中国统计年鉴"，在《2022年中国统计年鉴》《2023年中国统计年鉴》和《2024年中国统计年鉴》中的"对外经济贸易"部分查找相关数据。

2）按照数据分析流程完成实训任务。具体流程是：数据需求分析—数据准备—数据清洗—数据去重—异常值处理—生成数据透视表—数据计算—数据筛选—图表美化。

项目9 实训记录表

项目名称	广西壮族自治区对外经济贸易基本情况数据分析	日期	
班级		姓名（学号）	
数据需求分析及数据准备（文字描述+表格展示）			
数据清洗及数据去重（表格展示）			
异常值处理（表格展示）			
生成数据透视表（图表展示）			
数据计算及筛选（图表展示）			
图表美化（图表展示）			

项目9　实训评价表

项目名称	广西壮族自治区对外经济贸易基本情况数据分析	日期	
班级		姓名（学号）	
评价指标	评价要素	分值	分数评定
数据需求分析	1. 能否分析需求准确查找相关数据 2. 是否能够利用相关平台找到相应数据	20	
数据处理	1. 是否进行了数据清洗 2. 是否进行了数据去重 3. 是否掌握了数据异常值的处理方法 4. 能否会数据筛选	30	
生成数据透视表	1. 熟练掌握数据透视表的操作 2. 学会利用数据透视表进行数据分析整理	40	
图表美化	图表的美化是否熟练、完整	10	
得分			
实训自评与总结思考			

项目 10

数字化解决方案呈现——数字化解决方案设计师职业体验

《中华人民共和国职业分类大典（2022年版）》摘录：

4-04-04-05　数字化解决方案设计师 S

从事产业数字化需求分析与挖掘、数字化解决方案制订、项目实施与运营技术支撑等工作的人员。

主要工作任务：

1. 收集、分析产业数字化需求，提供数字化技术咨询服务；

2. 运用新一代信息通信技术和数字化技术，设计数字化业务场景和业务流程，提出并制订数字化项目架构的技术解决方案；

3. 编写数字化项目招投标等技术文件；

4. 编写数字化项目技术交底提纲；

5. 监测、分析和解决数字化项目实施及运营中的技术问题；

6. 检查、验收数字化项目质量，撰写质量分析报告。

学习目标

知识目标：

- 了解数字化解决方案的概念；
- 掌握数字化需求分析、数字化解决方案制定的基本方法。

能力目标：

- 能针对公司的运营情况进行数字化需求分析和挖掘；
- 能根据公司需求设计数字化解决方案，并向客户展示数字化解决方案。

素养目标：

- 培养学生的逻辑分析思维；
- 培养学生严谨的工作态度。

项目10 案例音频 | 扫码收听

思维导图

本项目的思维导图如图 10-1 所示。

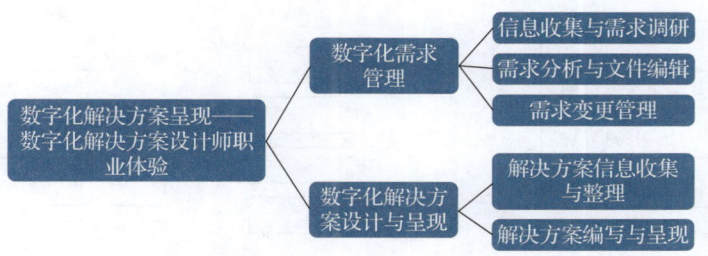

图 10-1　项目 10 思维导图

任务 1　数字化需求管理

任务描述

作为数字化方案解决设计师，在为客户设计数字化解决方案时，通常需要先了解客户的数字化需求。前期通过收集、分析客户的数字化需求，精准定位客户的业务痛点，再以项目为载体，将需求转化为落地实施的数字化解决方案，帮助客户实现数字化转型升级。

任务实施

为什么企业要进行数字化转型？

随着数字经济在国民经济中的地位日渐提升，推动企业数字化转型已是实现经济转型升级和高质量发展的主要路径。数字化转型通过大数据、云计算、区块链和人工智能等信息化技术赋能实体经济，对实体经济传统的生产经营模式与管理方式进行革新，提升生产与管理效率，从而助力企业适应市场环境变化以持续发展。

企业数字化解决方案是什么？

企业数字化解决方案是指可提高各行业业务的智能化、业务流程数字化和自动化水平的软件解决方案。企业数字化解决方案按业务功能可分为交易数字化、商贸及营销数字化和内部运营数字化三大类。从产业链来看，企业数字化解决方案提供商位于产业链的中游位置，需要获得上游技术供应商的技术支持，同时为不同垂直行业的下游企业提供标准化或定制化数字化解决方案，以促进其业务发展，如图 10-2 所示。

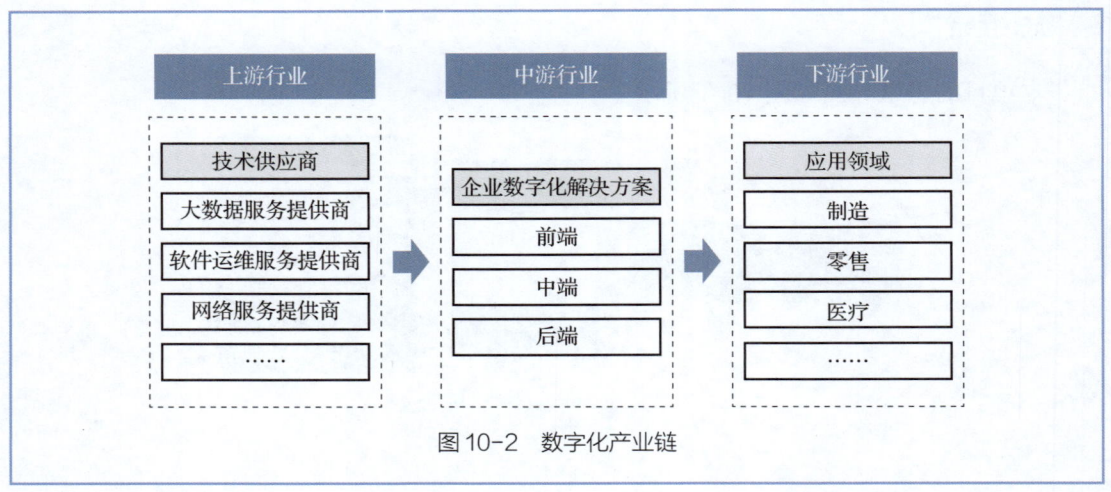

图 10-2　数字化产业链

1. 信息收集与需求调研

步骤 1：通过信息检索，全面收集客户信息。

数字化解决方案设计师需要利用多种渠道和资源来全面了解和收集关于客户的信息。这些信息包括但不限于客户的行业背景、市场地位、竞争对手分析、业务模式、技术栈现状、未来发展目标及战略规划等，见表 10-1。目的是构建一个清晰的客户画像，为后续的方案设计奠定基础。

表 10-1　客户信息收集表

项目	内容
客户名称	
地址	
企业性质	□合资　□外资独资　□国企　□民营　□私企　□个体工商者
所属行业	
企业类型	
行业排名	
上市情况	何时：　　　；何地　　　　；发行情况：
主要竞争对手	对手名称1：　　地区：　　　；业内排名　　　；概述： 对手名称2：　　地区：　　　；业内排名　　　；概述： ……
企业经营现状	
企业现有人数	
分支机构数量与分布	

（续）

项目	内容
往年销售额与利润	
以往经济效益情况	
企业发展趋势	
未来 5 年企业发展目标	
企业概况	
项目	内容
主要产品	
目标客户	
主要业务流程图	
组织结构	
项目	内容
组织图谱	
主要人物资料	姓名：　　　岗位：　　　部门：　　　说明： 姓名：　　　岗位：　　　部门：　　　说明： ……
企业信息化状况	
项目	内容
现有硬件设施	硬件投入：　　万元；服务器　　台（型号规格）；工作站　　台
现有应用软件	软件投入：　　万元；其中：×××，　　　万元，供应商是　　　； ×××，　　万元，供应商是　　　；……
当前企业信息化应用情况	
项目	内容
财务	应用基本情况：　　　　　　应用效果： 业务部门人数：　　　　　　微机数量：
供应链	应用基本情况：　　　　　　应用效果： 业务部门人数：　　　　　　微机数量：
OA 协同	应用基本情况：　　　　　　应用效果： 业务部门人数：　　　　　　微机数量：
项目管理	应用基本情况：　　　　　　应用效果： 业务部门人数：　　　　　　微机数量：
人力资源管理	应用基本情况：　　　　　　应用效果： 业务部门人数：　　　　　　微机数量：
其他	应用基本情况：　　　　　　应用效果： 业务部门人数：　　　　　　微机数量：

（续）

技术环境	
项目	内容
当前技术栈	
已使用的主要 IT 系统	
数据存储与处理方式	
云服务使用情况	如 AWS, Azure 等
安全与合规需求	
技术集成需求技术偏好与限制	如开源、自研等
行业基本信息	
项目	内容
所属行业概况	
行业发展潜力	
行业信息化应用特征	
需求信息	
项目	内容
期望的数字化解决方案目标	
管理中的主要困惑	
业务痛点	
数字化管理目标	
具体的业务需求列表	
业务需求优先级排序	
预期项目时间线	
其他附加信息	
项目	内容
企业文化与价值观	
社会责任与可持续发展项目	
客户反馈与建议渠道	
其他需要注意的事项	

注：客户信息收集表的内容仅用于参考，不限于以上内容。

此外，还可以通过收集客户的行业研究报告，快速了解行业趋势、市场规模、竞争格局等。通过信息检索工具，如网络搜索工具（百度）、企业信息查询平台（天眼查、企查查）等，查找与客户相关的新闻、公告、专利、投融资信息等。

步骤2：全面整理客户前期资料。

此步骤聚焦于客户的前期资料整理，包括但不限于历史文档、现有系统或平台的使用情况、业务流程图、客户反馈、技术难题等。这有助于帮助数字化解决方案设计师理解客户当前的数字化情况、面临的挑战以及未来的发展方向。

首先，按照不同类别整理形成文件夹，并且编制成对应的文件目录，必要时可进行编号管理，形成项目资料清单，如系统设计文档、用户手册、维护记录、故障报告等。

步骤3：使用需求调研模板记录客户的需求信息。

数字化解决方案设计师需要使用系统的需求调研模板，用于分析和跟踪客户需求，通常包括客户需求调查问卷或访谈指南、需求收集会议纪要等。客户需求调查问卷或访谈指南通常包含客户基本信息、需求描述、需求优先级、预期效果、限制条件等字段；需求收集会议纪要，主要用于记录需求收集会议中的讨论要点、决策结果、责任分配等。

另外，还需使用需求管理工具（如Jira、Trello、Worktile）集中管理需求信息，跟踪需求状态（如已提出、待评审、开发中、已完成等），以及与其他团队成员共享和协作。

通过以上步骤，数字化解决方案设计师能够系统地完成信息收集与需求调研工作，为后续的设计和开发工作奠定坚实的基础。

> **知识链接**
>
> **为什么需求管理对数字化解决方案设计至关重要？**
>
> 需求管理用于识别、记录、审查和跟踪项目需求，确保项目满足业务目标和客户需求。它涉及需求的收集、分析、验证和管理。通过需求管理能尽量确保项目团队和客户之间的期望一致，减少需求误解和变更，从而控制成本，减少延误，提高项目成功率。

2. 需求分析与文件编辑

步骤1：将收集好的资料进行系统的整理分析。

数字化解决方案设计师需要将前期收集的所有需求调研资料（如访谈记录、问卷反馈、客户提供的文档等）以及项目前期资料（如项目提案、技术评估报告、行业研究报告等）进行系统的整理和分类。目的是确保所有相关信息都能被有效地组织和利用，便于后续的分析工作。

首先，进行资料分类，按照资料类型（如文档、图片、视频）或者内容主题（如用户需求、业务流程、技术要求）等标准进行分类。

其次，进行资料归档，为每类资料建立专门的文件夹或标签，确保资料的易查找性和可追溯性。

最后，进行资料清洗，去除重复、冗余或无关紧要的信息，确保资料的准确性和高效性，资料清洗对后续的方案设计影响较大，也是需求分析中的关键一环。

步骤2：整理客户需求信息，并填写客户需求记录表。

数字化解决方案设计师需要从整理分析后的资料中提炼出关键信息，并按照一定的格式填写到客户需求记录表中。这有助于确保需求的清晰、明确和可追溯性，为后续的设计和开发工作提供基础。

首先，对需求进行筛选，即从原始的需求资料中筛选出与客户直接相关、具有可操作性和价值的需求，并剔除重复项，根据交易数字化、商贸及营销数字化或者内部运营数字化等不同类型的需求进行分类整理。

然后，进一步细化筛选出的需求，明确需求的具体内容、优先级、期望效果、限制条件、预期完成等，并将细化后的需求信息形成需求分析规格说明书。

需求分析规格说明书

需求分析规格说明书是需求分析阶段的最终"产品"，它精确地描述了数字化产品做什么以及产品的约束条件等。其主要目的是确保所有相关方都能明确项目的目标和范围，为开发人员提供详细的功能和性能要求，指导数字化系统的设计和实现，并为测试人员提供需求验证的依据，其基本框架如图10-3所示。

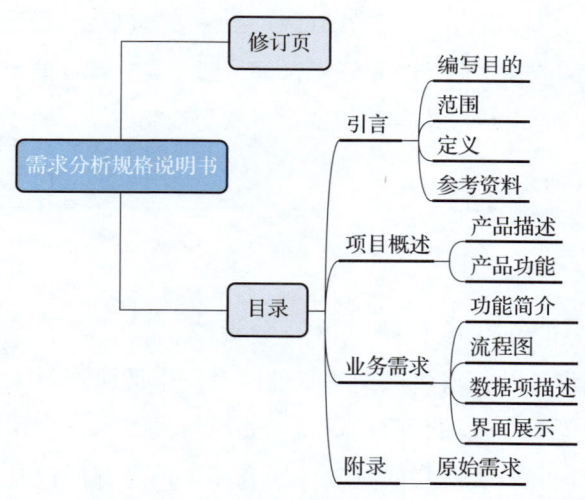

图10-3　需求分析规格说明书的基本框架

步骤 3：根据需求分析规格说明书及其自查清单全面自查。

数字化解决方案设计师需要根据已经整理好的需求分析规格说明书，结合自查清单对客户需求进行全面自查，目的是减少后续开发和实施过程中的误解。

首先，根据项目的特点和需求分析规格说明书的要求，制定详细的自查清单，见表10-2。

然后，按照自查清单逐项检查后，记录发现的问题和待改进点，并对问题进行跟踪，同时与客户沟通，进一步明确需求。

表 10-2 需求分析规格说明书自查清单

类型	检查项
判断需求真伪	是否符合当前核心业务场景、是否符合用户画像和用户故事
	是否存在类似竞品，是否完成竞品分析
	当前方案是不是同类场景下的共性诉求
量化收益	对核心用户的影响程度（尽可能量化）
	对核心业务的贡献程度（尽可能量化）
判断可行性	当前技术是否可以支持
	当前业务是否可以支持
风险评估——功能风险	是否存在关联功能的改造点
	是否完整梳理当前系统退出使用带来的影响
	是否已预估业务高峰数据爆发量级及其处理措施
	是否已计划好功能上线后的验证方法
风险评估——外部风险	是否引发诸如骚扰、欺诈等安全隐患
	是否存在负面舆情风险
	是否存在法律及合规风险
排定优先级	用户覆盖度
	使用频率
	对核心场景的影响
	对核心用户的影响
	实际收益的高低
	对 KPI 的影响
	实现难度的高低

注：自查清单可根据需求分析规格说明书进行调整。

3. 需求变更管理

步骤 1：记录客户提出的需求变更请求，填写需求变更联系单。

当客户提出需求变更请求时，首先需要详细记录变更的具体内容、原因、期望的变更效果以及提出变更的日期和人员等信息。随后填写需求变更联系单（见表 10-3）。该单据应包含变更请求的详细描述、影响范围分析（如对项目时间、成本、资源等的影响），以及变更提出方的联系方式等。同时，为了确保变更的正规化和可追溯性，还需要将需求变更联系单提交给项目单位和项目实施单位的相关决策者进行审批。

表 10-3　需求变更联系单

文件编号：＿＿＿＿＿＿

项目名称		合同编号	
项目类型		变更日期	

需求变更内容、原因、期望的变更效果

　　　　　　　　　　　　　　　　　　　　　　发起人：
　　　　　　　　　　　　　　　　　　　　　　日期：

项目单位审批意见

　　　　　　　　　　　　　　　　　　　　　　项目单位（签章）：
　　　　　　　　　　　　　　　　　　　　　　联系人：
　　　　　　　　　　　　　　　　　　　　　　日期：

项目实施单位审批意见

　　　　　　　　　　　　　　　　　　　　　　项目实施单位（签章）：
　　　　　　　　　　　　　　　　　　　　　　联系人：
　　　　　　　　　　　　　　　　　　　　　　日期：

步骤 2：项目单位和项目实施单位根据项目变更管理的相关要求对需求变更请求进行审批并签字盖章确认。

项目单位针对需求变更联系单填写审批意见并签字盖章后将需求变更联系单提交给项目实施单位。项目实施单位在收到经项目单位审批的需求变更联系单后，需要根据项目变更管理的相关要求（如变更的优先级、对项目的影响程度、变更的可行性等）对需求变更请求进行评估。这一步骤可能涉及与项目经理、团队成员、客户方代表等多方沟通和讨论。评估完成后，将审批意见填写在需求变更联系单上并签字盖章。

步骤3：及时向客户反馈需求变更请求的审批结果和执行情况。

需求变更请求的审批结果要及时反馈给客户。如果变更被批准，还需要进一步与客户沟通变更的执行计划、时间表、预期效果等信息，并确保客户对变更的执行情况有清晰的了解；如果变更被拒绝，则需要详细说明拒绝的原因，并尝试与客户协商解决方案。

需求反馈情况可通过需求管理工具、电子邮件、即时通信等多种方式向客户反馈及协商解决方案。

任务 2 数字化解决方案设计与呈现

任务描述

作为数据化解决方案设计师，还需要配合架构设计师等团队成员设计数字化业务场景和业务流程，提出并制定数字化项目架构的技术解决方案，同时向客户展示数字化解决方案。

任务实施

1. 解决方案信息收集与整理

步骤1：编写数字化业务场景和业务流程的用例说明。

数字化解决方案设计师需要参照用例说明模板（见表10-4），针对业务场景和业务流程编写详细的用例说明，为后续的设计和开发工作提供清晰的指导。

表 10-4 用例说明

用例	[用例名应是一个动词短语，能让读者一目了然地从名字中就知道该用例的目标]
使用语境	[用例目标，是一个较长的描述，甚至包括触发条件]
范围	[用例的设计范围，在设计时将系统作为一个黑盒来考虑]

（续）

级别	[概要、用户目标、子功能三者之一]	
主执行者	[该用例的主 Actor，在此应列出其名称，并简要描述]	
项目相关人员利益	项目相关人员	利益
	[项目相关人员名称]	[项目相关人员取得的利益]
	……	……
前置条件	[激发该用例，所应满足的条件]	
后置条件	[该用例完成之后，将执行什么动作]	
成功保证	[描述当目标完成后，环境的变化情况]	
触发事件	[什么引发用例，如时间事件]	
步骤描述（描述在正常情况下，系统各组件如何执行）	步骤	活动
	1	[写出触发事件到目标完成及清理的数据流向和处理内容]
	2	[……]
	3	
扩展（描述主流程可能出现的分支和异常情况，系统如何处理）	步骤	分支动作
	1	[写出分支或者异常情况的条件、数据流向和处理内容]
	2	[……]
技术和数据变化	1	[关键架构组件、数据流变化格式、协议接口等]
	2	[……]

此外，还可以使用用例管理工具（如 Jira、TestRail）管理和跟踪用例。

步骤 2：借助 AI 设计数字化解决方案全景示例，并编制关键业务功能说明。

借助 AI 设计数字化解决方案全景示例，结合前期收集的需求信息，详细编制关键业务功能的说明，涵盖功能的业务目标、输入输出、处理逻辑、依赖关系、性能指标等方面。同时，还需要考虑功能的可扩展性、可维护性和安全性等因素，为后续的设计和开发工作提供明确的方向和指导。

数字化解决方案全景示例可以使用 Word 文档或幻灯片等基础办公软件进行搭建，内容一般包括解决方案概述、业务架构、技术架构、关键业务功能说明等部分，如图 10-4 所示。

数字化解决方案呈现——数字化解决方案设计师职业体验

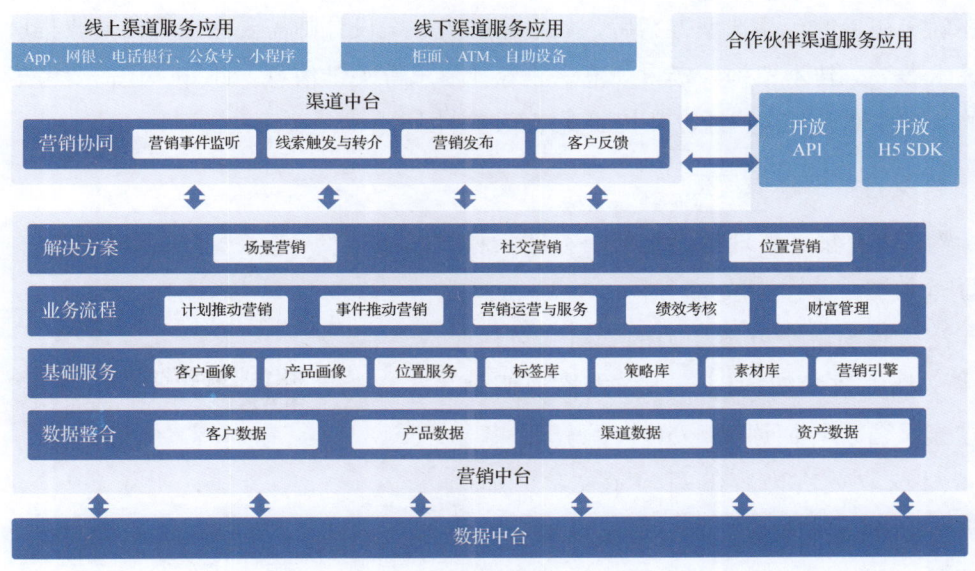

图10-4　数字化解决方案全景示例

借助AI可以得出数字化解决方案全景示例的具体内容，再结合收集到的实际用户需求加以完善。例如，可以提问"设计一个数字化解决方案全景"，如图10-5所示。

还可以通过AI查找一些优秀的企业数字化解决方案进行参考。例如，可以提问"请给我一些企业数字化解决方案进行参考"，如图10-6所示。

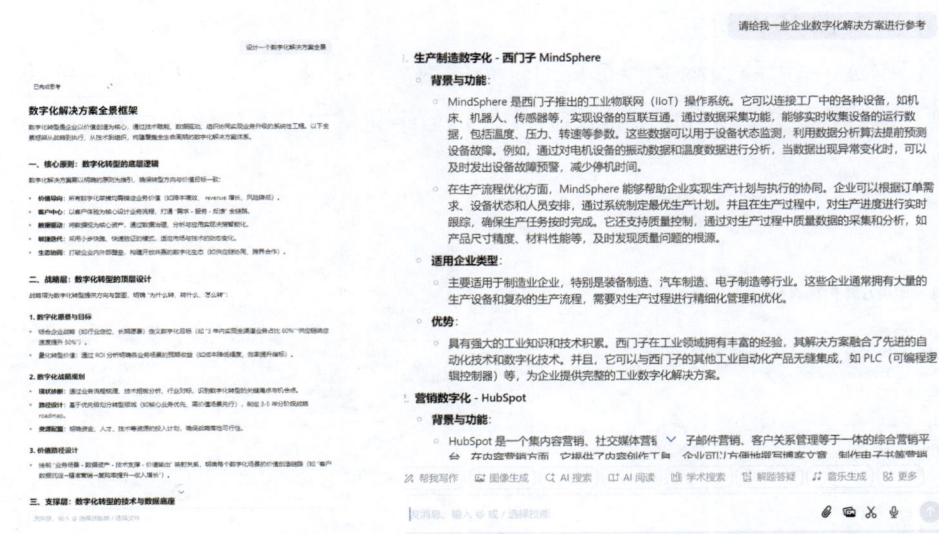

图10-5　AI提供的数字化方案示例　　图10-6　AI提供的数字化解决方案示例

此外，还可以借助思维导图工具绘制业务流程图、功能关系图等，帮助理清思路。

步骤3： 根据产品选型方案，收集与整理产品技术参数、技术架构等相关信息。

在确定初步的产品选型方案后，数字化解决方案设计师需要深入调研并收集所选产品的技术参数、技术架构、接口规范、兼容性要求等关键信息。此外，还需要考虑产品之间的互操作性、可维护性以及长期支持策略等因素。

2. 解决方案编写与呈现

步骤 1： 收集、整理标准化解决方案素材，并编写解决方案演示文稿。

广泛收集与解决方案相关的素材，包括业务需求文档、技术架构图、功能规格说明书、产品选型报告、界面原型、示例代码等。基于这些素材选取关键内容编写演示文稿，如图10-7所示。演示文稿应清晰、简洁地展示解决方案的整体架构、关键业务功能、技术实现方案以及实施计划和预期效果等内容。

图 10-7　使用幻灯片展示企业数字化解决方案

文案演示通常使用幻灯片展示，展示内容一般包含封面、目录、引言、业务需求分析、技术解决方案、关键业务功能展示、实施计划、预期效果、Q&A 等部分。

1）在制作展示幻灯片时，可先借助 AI 初步拟定编写大纲，再根据所设计的数字化解决方案进行进一步的完善。例如，可以对 AI 说"请帮我设计一个数字化解决方案的 PPT 大纲"，如图 10-8 所示。

2）根据 AI 提供的大纲完善每页幻灯片的内容，也可以借助 AI 完善。例如，可以对 AI 说"请帮我想想应该如何在幻灯片中展示数字化解决方案的核心技术"，如图 10-9 所示。

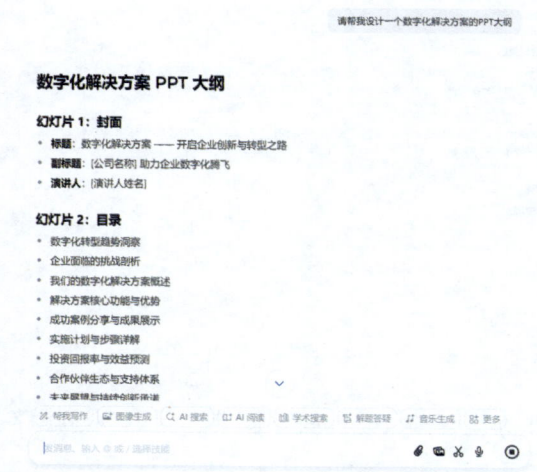

图 10-8　AI 提供的数字化解决方案 PPT 大纲示例

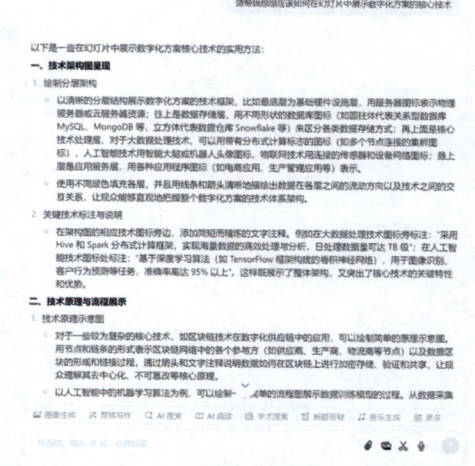

图 10-9　AI 提供的制作思路示例

步骤 2：准备项目展示的演讲稿，调试演讲过程中可能出现的技术问题。

为了确保方案演示的顺利进行，需要根据展示幻灯片撰写演讲稿，这一步骤也可以借助 AI 来提供参考，再根据实际情况加以修改。例如，"请帮我根据幻灯片演示大纲写一份演讲稿"。形成演讲稿后，设计师需要提前演练，并对演示过程中可能遇到的技术问题进行调试。

步骤 3：基于标准化问题建立解答问题的说明手册。

在方案演示过程中或之后，客户可能会提出一些关于解决方案的标准化问题（如技术细节、实施步骤、兼容性问题等）。为了准确、高效地解答这些问题，数字化解决方案设计师需要依赖一个标准化的说明手册。这个说明手册应包含常见问题解答、技术手册、设计指南等内容。如果说明手册中没有现成的答案，需要与团队成员协作，共同研究并解答。

此外，数字化解决方案设计师还应将新出现的问题和解答添加到说明手册中，以便未来参考和分享。在此过程中，确保与团队成员以及客户做好实时沟通和协作，共同解答问题。

如果问题较为复杂或需要跨团队解决，可以使用问题跟踪系统来记录问题、分配任务、跟踪进度和记录解决方案。这有助于问题得到及时、有效的处理。

同时，根据客户对解决方案的看法、建议以及对存在问题的反馈，进一步迭代优化解决方案，提升数字化解决方案的质量和适用性。

实训　为某公司设计并展示数字化转型方案

实训要求：

选择一家具有代表性的公司作为实训对象，可以是实体公司或虚构的公司。

1）对公司的现状进行全面分析，包括业务模式、组织架构、运营流程、信息技术基础设施等方面。

2）识别公司数字化转型的痛点、挑战和机遇。基于公司分析的结果，设计一套全面的数字化转型方案，并提出具体的技术解决方案，如云计算、大数据、人工智能、物联网等技术在公司中的应用。设计组织架构和流程的优化方案，以及文化变革的策略。制作一份数字化转型方案报告 PPT，包括文字描述、图表、数据分析和案例研究等。准备一场展示，向模拟的公司管理层或实训导师汇报数字化转型方案。

实训提示：

按照数字化解决方案呈现的流程完成实训任务。具体流程是：信息收集与需求调研—需求分析与文件编辑—需求变更管理—解决方案信息收集与整理—解决方案编写与呈现。

项目 10　实训记录表

项目名称	为某公司设计并展示数字化转型方案	日期	
班级		姓名（学号）	
信息收集与需求调研 （文字描述）			
需求分析与文件编辑 （文字描述）			
需求变更管理 （文字描述）			
解决方案信息收集与整理 （文字描述）			
解决方案编写与呈现 （文字描述+PPT 展示）			

项目10 实训评价表

项目名称	为某公司设计并展示数字化转型方案	日期	
班级		姓名（学号）	
评价指标	评价要素	分值	分数评定
信息收集与需求调研	1. 全面性：是否全面收集了公司业务、流程、技术现状等信息 2. 准确性：收集的信息是否准确无误，来源是否可靠 3. 深度：是否深入了解了公司的核心需求和痛点	20	
需求分析与文件编辑	1. 逻辑性：需求分析是否逻辑清晰，能否准确识别关键需求 2. 文档质量：编辑的需求文档是否结构清晰、内容完整、易于理解 3. 需求优先级：是否合理区分了需求的优先级，便于后续实施	10	
需求变更管理	1. 变更评估：是否对需求变更的影响进行了全面评估 2. 变更记录：是否详细记录了需求变更的内容、原因和影响	10	
解决方案信息收集与整理	1. 信息广度：是否广泛收集了相关行业的最佳实践和技术方案 2. 信息筛选：是否能够从大量信息中筛选出有价值的解决方案 3. 信息整合：是否能够将收集到的信息进行有效整合，形成系统的解决方案库 4. 创新性：是否提出了具有创新性的解决方案	30	
解决方案编写与呈现	1. 方案可行性：设计的解决方案是否切实可行，能否有效解决公司问题 2. 方案呈现：方案的呈现是否清晰、直观，能否有效传达给决策者	30	
得分			
实训自评与总结思考			

项目 11

数据标注
——人工智能训练师职业体验

《中华人民共和国职业分类大典（2022年版）》摘录：

4-04-05-05　人工智能训练师 S

使用智能训练软件，从事人工智能产品使用数据库管理、算法参数设置、人机交互设计、性能测试跟踪等工作的人员。

主要工作任务：

1. 标注和加工图片、文字、语音等业务的原始数据；
2. 分析提炼专业领域特征，训练和评测人工智能产品相关算法、功能和性能；
3. 设计人工智能产品的交互流程和应用解决方案；
4. 监控、分析、管理人工智能产品应用数据；
5. 调整、优化人工智能产品参数和配置。

本职业包含但不限于下列工种：

数据标注员　人工智能算法测试员

学习目标

知识目标：

- 了解数据标注的概念和文本数据标注的目的；
- 掌握人工智能训练师——数据标注员的基本工作内容。

能力目标：

- 能完成文本类数据标注工作；
- 能完成语音类数据标注工作；
- 能完成图片类数据标注工作。

项目 11 案例音频 | 扫码收听

素养目标：
- 了解未来人工智能社会新的伦理要求，理解人机共存的伦理规范；
- 具备严谨细致的工作态度和高度的责任心，确保标注数据的准确性和完整性。

思维导图

本项目的思维导图如图 11-1 所示。

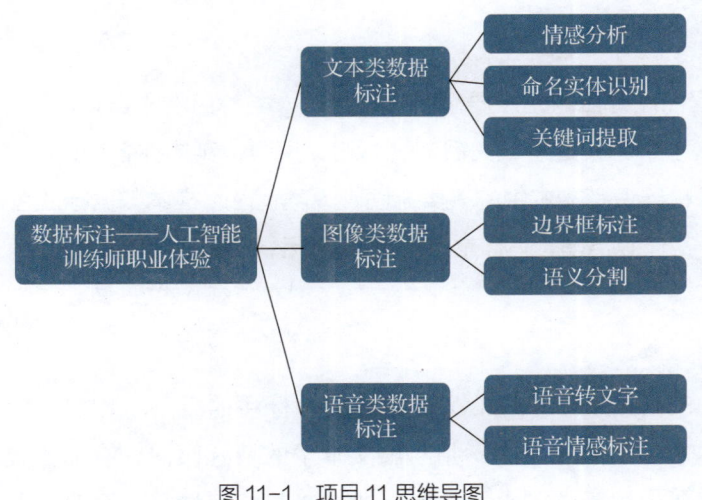

图 11-1　项目 11 思维导图

任务 1　文本类数据标注

任务描述

体验一名文本数据标注员的工作日常。在人工智能技术高速发展的时代背景下，文本数据作为 AI 模型训练的底层基础，其质量直接决定了模型的智能化水平。文本数据标注员就是这些数据的精密加工者，通过情感分析、命名实体识别（NER）、关键词提取等技术手段，将计算机系统无法理解的原始文本转化为结构化标签，从而为机器学习提供高质量的训练素材。文本数据标注员的核心价值在于持续提升 AI 模型的文本理解与分析能力，推动人工智能向更精准、更人性化的方向发展。

任务实施

数据标注是什么？

数据标注是指为原始数据（如文本、图像、音频、视频等）添加标签或标记的过程，目的是让这些数据可以被机器学习算法理解并使用。它是训练监督式机器学习模型的关键步骤之一，因为模型需要基于带标签的数据来学习如何对新数据进行分类、识别或其他任务。

文本数据标注的目的是什么？

文本数据标注的目的就是要帮助机器理解人类的自然语言，通过标注数据中的各类标签，如文字中的关键字、关键词、语句、短语、实体性名词以及隐含的各种情感倾向等，教会机器识别文本中的人类意图、人类情感。文本数据标注包括情绪、意图、属性、关系、实体等类型，其通常应用于机器翻译和知识图谱领域。

1. 情感分析

情感分析（Sentiment Analysis）是数据文本标注的重要工作之一，旨在使得机器算法能够理解文本中的语义和意图，判断出文本中的情感倾向，有助于提高机器学习模型的准确性。其主要应用于预测电影票房、股票趋势，舆情分析，改进服务及产品以及了解用户体验等。

案例 1：根据给出的文本，判断该段内容的情感状态。

真好，今天终于出太阳了！

A. 高兴　　　　B. 悲伤　　　　C. 疑惑

［解析］根据生活常识，可知案例 1 的话语体现了高兴愉悦的情感，因此选择 A 项。

案例 2：根据案例中人物的性格特点，判断人物可能产生的对话内容。

唐僧十八岁出家，是唐朝第一高僧，如来佛祖二徒弟金蝉子转世，性情纯良，慈悲仁爱，取经意志坚定。以下是唐僧与徒弟的一段对话文本，请根据情景和人物情感，判断可能的对话内容。

唐僧道："悟空，前方路途遥远，又多艰险，你可有信心护我周全？"

孙悟空笑道："师父放心，便是那十万八千里，俺老孙也翻得过去。妖魔鬼怪，若敢阻拦，定叫他知俺棒下厉害！"

唐僧合十道：_____

请根据上述对话，判断以下哪句可能是唐僧的答复。

A."善哉,悟空。你虽有神通,却也要心存慈悲,不可滥杀无辜。"
B."悟空,你做得对,为民除害。"

[解析] 根据案例2可知,唐僧性格仁爱,因此可判断他可能劝阻徒弟慈悲为怀,因此,选择A项较为符合人物的情感特点。

2. 命名实体识别

命名实体识别（Named Entity Recognition，简称NER）,是指识别文本中具有特定意义的实体,主要包括人名、地名、机构名、专有名词等,旨在从文本中提取有意义的名词或短语,为知识库问答、机器翻译、信息检索、情感分析和知识图谱等应用提供基础。命名实体识别通常应用于信息检索、智能问答、知识图谱搭建等。

案例3：根据下列文本内容，识别文本中包含的地名。

近日,来自亚洲、欧洲、非洲、美洲等地区的20余名境外主流媒体、华文媒体代表和正能量网络媒体达人参加"南宁渠道 机遇无限"2024年境外媒体看南宁活动。采访团一行走进南宁青秀山风景区、广西民族博物馆、邕州古城·三街两巷历史文化街区等,体验丰富多彩的文旅、非遗项目,了解南宁生态环境保护和文旅融合发展的有关情况。

[解析] 根据案例中的文本,加以辨别分析,可得出文本中包含的地名包括亚洲、欧洲、非洲、美洲、南宁青秀山风景区、广西民族博物馆、邕州古城·三街两巷历史文化街区,南宁市。

3. 关键词提取

关键词提取是指从文本中自动识别和提取能够概括文本主题或内容的词或短语的过程。主要目的包括：一是概括文本主题,通过提取关键词,快速了解文本的中心思想；二是辅助文本分析,为后续的文本分类、情感分析、信息检索等任务提供重要线索；三是提高信息检索效率,通过关键词匹配,提高搜索引擎的检索速度和准确性。关键词提取通常应用于舆情监控、搜索引擎优化。

案例4：根据下列文本内容，提取文本的关键词。

人工智能是智能学科重要的组成部分,它企图了解智能的实质,并生产出一种新的能以与人类智能相似的方式做出反应的智能机器。人工智能是十分广泛的科学,包括机器人、语言识别、图像识别、自然语言处理、专家系统、机器学习,计算机视觉等。

[解析] 根据文本内容可以判断出,文本内容通篇在描述人工智能的含义,因此,该文本的关键词应为"人工智能"。

任务 2　图像类数据标注

任务描述

体验一名图像数据标注员的工作日常。随着计算机视觉技术爆发式发展，图像数据作为自动驾驶、医疗影像诊断等 AI 应用的感知基础，其标注精度直接决定模型的视觉认知能力。图像数据标注员是这些视觉数据的专业解码者，通过边界框标注、语义分割等手段，实现原始像素到机器可读语义的转化。图像数据标注员的核心价值在于通过精准的视觉数据标注，为 AI 模型构建高质量的"视觉认知词典"，帮助机器正确理解现实世界的空间关系和语义信息。

任务实施

什么是图像数据标注？

图像数据标注是对未经处理的图片数据进行加工处理，标注后的图像数据相当于为计算机提供了学习资料，从而使得计算机能够学习到这些图像的特征信息，最终使得计算机具备处理图像数据的能力。图像数据标注为计算机视觉的研究提供了丰富的带有标签的图像数据，确保算法模型可以被有效训练，其通常应用于自动驾驶、智慧医疗、智能安防等场景。

1. 边界框标注

边界框标注（Bounding Box Annotation）是指通过在图像或视频帧中绘制一个或多个矩形框，以框定目标物体的位置和范围，常用于目标检测任务中。通过标注目标的边界框，可以帮助机器学习算法识别和定位目标，从而实现自动化的图像分析。例如，在自动驾驶车辆中，通过边界框标注可以准确地检测出行人、车辆等关键目标。

案例 1：在图 11-2 中使用矩形框标注出所有行人。

图 11-2　图像数据标注案例 1

［解析］标注员需要使用标注工具，将需要标注的图像用矩形框标注出来，如图11-3所示。

图11-3 图像数据标注案例1标注

2. 语义分割

语义分割（Semantic Segmentation）是指为图像中的每个像素分配类别标签，帮助人工智能识别并理解图像中每个像素的内容，实现对不同对象的精确区域划分。语义分割通常用于人工智能图片编辑时的背景虚化、路面分割等。

案例2：将图11-4中的动物图片进行语义分割，区分出动物猫和狗，并使用蓝色的框标注猫，红色的框标注狗。

［解析］根据题目要求，识别图中的动物图像分别属于何种类别，并按照要求分别使用不同颜色的矩形框，标注结果如图11-5所示。

图11-4 图像数据标注案例2　　图11-5 图像数据标注案例2标注

任务3　语音类数据标注

任务描述

体验一名语音数据标注员的工作日常。随着智能语音交互技术的全面普及，语音数据作为虚拟助手、智能客服等AI应用的听觉基础，其标注精度直接决定了模型的语义理解准确率。语音数据标注员是声学特征的专业解码者，通过语音转文字、语音情感标注等技术手段，将原始的声波信号转化为多层次结构化标签，为声学模型和自然语言处理模型提供高保真的训练数据。语音数据标注员的核心价值在于通过持续优化标注细粒度（如方言发音的精确音素标注），显著提升 AI 模型在复杂声学环境下的鲁棒性，推动机器听觉从"听得清"向"听得懂"演进。

任务实施

语音数据标注的主要工作内容

语音数据标注的主要工作内容是将语音中包含的文字信息、各种声音以及情绪状态等"提取"并标注出来，将标注后的数据提供给人工智能进行机器学习，其主要应用在语音识别、语音转写、智能客服机器人等领域。语音标注的语种一般分为中文、方言、英文等。根据语音时长可以分为长语音和短语音。

1. 语音转文字

语音转文字是指将口语转换成书面文字，这不仅仅是一个简单的技术转换过程，更是一个需要人工参与和优化的环节。通过专业的标注人员对转换后的文字进行仔细校对和标注，可以进一步提高语音识别的准确性和可靠性，从而满足各种应用场景的需求。它涉及将音频或语音数据转换为对应的文字文本。这一技术广泛应用于各种场景，包括但不限于智能语音助手、语音搜索、语音转录、字幕生成以及语音数据分析等。

案例 1：扫描"音频 1"二维码，播放音频语段，并转换成书面文字。

音频 1

［解析］在进行语音识别时应该考虑语境并结合上下文。根据上述音频内容，可得到对应的文本如下所示。

人工智能宛如一位神奇的魔法师，悄然重塑着我们的世界。它是数字智慧的结晶，依托海量数据与精妙算法，具备学习、推理、创造的超凡本领。从智能语音助手秒懂指令、贴心服务，到医疗影像精准识别病症；从自动驾驶汽车灵活穿梭、避险导航，到金融风险智能防控，它的身影无处不在。既大幅提升效率、拓展可能，又引发就业结构、伦理安全等深层思考。

2. 语音情感标注

语音情感标注是对语音信号中的情感内容进行分析并标记的过程。它涉及识别语音信号中的情感元素并归类，完成情感识别后，标注人员会根据分析结果，将语音信号标记为相应的情感类别,如快乐、悲伤、愤怒、惊讶、恐惧、厌恶或中立等。语音情感标注的准确性和可靠性在很大程度上取决于标注人员的经验和专业知识。这一技术主要应用于人机交互、情感计算、心理学研究以及多媒体分析等领域。

案例2:扫描"音频2"二维码,播放音频语段,感受语音的情感。

音频2

[解析]根据上述音频内容,可得到对应的文本如下所示。由此可知语音中体现了愤怒的情感。

嘿,今天天气真不错,阳光明媚又暖和。我和家人满心欢喜地出去游玩,本想着能畅畅快快玩一整天,可没想到碰上闹心事儿。在景区玩热门项目的时候,队伍排得老长,大家都眼巴巴盼着,偏有人不遵守规则,明目张胆插队,工作人员还视若无睹。我们规规矩矩等了好久,好心情瞬间就没了。

实训 体验图片分类识别标注

实训要求:

在一个人工智能图像识别能力训练项目中,你作为一名数据标注员,需要根据给定的三种中华田园猫的特征描述,对提供的图片进行分类。其中,本次训练中的中华田园猫分为以下三种,分别是:

1)三花猫:身上有黑、红(橘)和白三种颜色,色块分明,边界清晰且白色占比多。

2)玳瑁猫:黑、黄、白三种颜色混杂,没有明显的界线,斑纹复杂错乱,没有规律可循。

3)狸花猫:被毛上有漂亮的斑纹,额头也有斑纹,背部的花纹为"骨刺"纹路。

请根据图11-6~图11-11所示的图片特征对中华田园猫进行分类标注。

图11-6 中华田园猫1

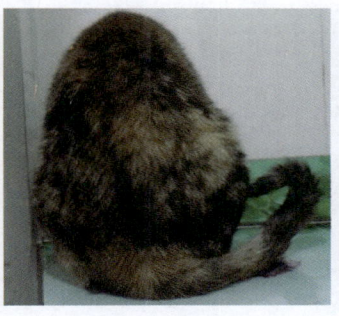
图11-7 中华田园猫2

图11-8 中华田园猫3

图 11-9　中华田园猫 4　　　图 11-10　中华田园猫 5　　　图 11-11　中华田园猫 6

实训提示：

按照图像类数据标注的流程完成实训任务。具体流程是：理解实训要求中的特征描述—对照图片进行特征识别—识别后进行图片分类。

项目 11　实训记录表

项目名称	体验图片分类识别标注	日期	
班级		姓名（学号）	
特征识别 （文字描述）			
图片分类 （文字描述）			

项目 11　实训评价表

项目名称	体验图片分类识别标注		日期	
班级			姓名 （学号）	
评价指标	评价要素		分值	分数评定
特征识别	按照提供的中华田园猫分类，根据图片进一步识别特征		50	
图片分类	根据识别的情况，对图片进行分类		50	
得分				
实训自评 与总结思考				

项目 12
企业人员管理
——企业人力资源管理师职业体验

《中华人民共和国职业分类大典（2022年版）》摘录：

4-07-03-04　企业人力资源管理师

从事本企业人力资源的开发、管理等服务工作的人员。

主要工作任务：

1. 进行职务分析、工作评价与绩效考评；
2. 设计组织内部机构，编制定员、劳动定额，进行岗位和职务设置、职责划分等分工协作管理；
3. 进行组织内部职业资格和专业技术职务管理；
4. 制订并实施薪酬体系及标准；
5. 编制并组织实施人才培养选拔计划；
6. 组织、实施人才测评方案；
7. 组织实施职工教育、员工培训。

本职业包含但不限于下列工种：

薪税师　企业培训师　劳动定员定额师　人才测评师

学习目标

知识目标：

- 了解企业人力资源管理的专业技能；
- 掌握人力资源的组织结构设计、绩效管理、员工选拔与培训的相关知识。

能力目标：

- 能设计组织内部机构，进行岗位和职务设置、职责划分等分工协作管理；
- 能编制并组织实施人才培养选拔计划、职工教育、员工培训；

项目12案例音频 | 扫码收听

- 对企业进行绩效管理，制定并实施薪酬体系及标准。

素养目标：
- 培养学生关注行业动态和市场变化，了解最新的人力资源管理理念和方法；
- 不断提高自身的职业素养和道德水平，为企业树立良好的形象和信誉。

思维导图

本项目的思维导图如图 12-1 所示。

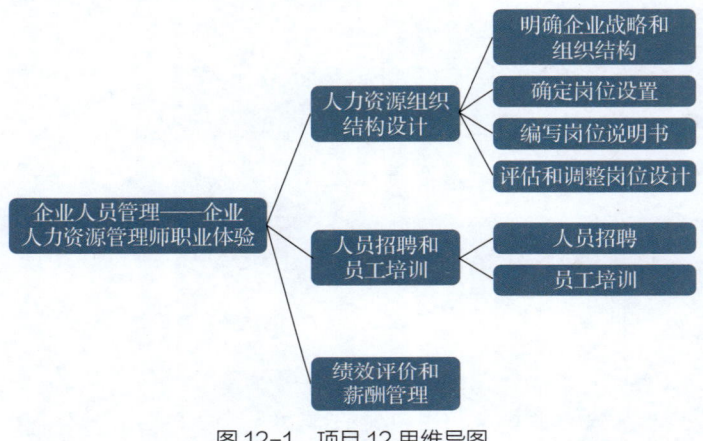

图 12-1　项目 12 思维导图

任务 1　人力资源组织结构设计

任务描述

选取一家熟悉的公司，为该公司进行岗位设计，以确保人才的合理配置和企业的持续发展。

任务实施

1. 明确企业战略和组织结构

步骤 1：确定企业的长期发展目标和经营策略，这是岗位设计的基础，确保每个岗位都能支持企业的战略目标。

步骤 2：根据企业规模和业务特点，设计适合的组织结构，明确各个部门的职能和层级关系。

步骤3：分析企业的现状和需求，包括人力资源数量、结构、能力、流动情况等方面，同时需要了解员工的需求和期望，为制定规划提供依据。

步骤4：明确每个岗位的工作任务、主要职责、工作流程以及所需的知识、技能和能力。

岗位存在的意义

一个岗位要存在并有意义，必须满足以下几个特征：

（1）具有明确且能够检验的目标。

（2）具有明确的职责，也就是必须清楚该岗位所承担的任务或活动。

（3）具有明确的职权，以便占据该岗位的人员能够实现其目标。

2. 确定岗位设置

步骤1：根据职责和工作内容，将岗位分为管理岗位、技术岗位和支持岗位等。

步骤2：按照工作职责的复杂程度和责任范围，划分岗位的层级和职级，确保组织的层级结构合理。

岗位设计

岗位设计应当均衡地满足顾客、员工以及组织的利益：

（1）着眼于顾客满意。

（2）着眼于员工满意。

（3）着眼于组织的利益。

3. 编写岗位说明书

步骤1：每个岗位都有明确的名称和编号，以便管理和识别。

步骤2：详细描述岗位的主要工作任务和职责。

步骤3：列出该岗位所需的学历、经验、技能和能力等要求。

步骤4：明确该岗位的汇报对象、下属和合作部门，可参考表12-1。

表12-1 岗位说明书的主要内容

项目	主要内容
岗位名称	具体岗位名称
岗位编码	唯一编码（可选）

(续)

项目	主要内容
所属部门	部门名称
直接上级	上级岗位名称
直接下级	如有,列出下级岗位名称
岗位目的	简要描述该岗位在组织中的主要目的和存在的意义
岗位职责	主要职责1描述:详细阐述该岗位的工作任务(列出具体工作任务)和工作成果(明确该职责履行后应产生的成果或输出);主要职责2描述:(按上述格式依次列出其他主要职责)
工作权限	决策权限(列举在工作中拥有的决策权);资源调配权限(如对特定设备、物资或人力的调配权);信息权限(可获取哪些级别的信息)
工作关系	内部:汇报对象(详细说明汇报层级和频率);协作部门/岗位(列出需要紧密合作的部门或岗位,以及合作的主要内容);外部:如有与外部机构或人员的联系,如客户、供应商等,说明联系的性质和目的
任职资格——教育背景	学历要求(最低学历);专业要求(相关专业)
任职资格——工作经验	行业经验(是否需要特定行业工作经验,如有,说明年限);岗位经验(本岗位或类似岗位的工作经验要求,年限)
任职资格——知识与技能	专业知识(列举必须掌握的专业知识领域);通用技能(如沟通能力、团队协作能力、办公软件操作能力等)
任职资格——证书和资质	列出必要的证书和资质
任职资格——素质要求	如责任心、抗压能力、创新思维等

4. 评估和调整岗位设计

步骤1:评估岗位设计的合理性,通过内部讨论或外部咨询,评估岗位设置是否科学,是否符合企业的实际需求。

步骤2:根据评估结果,进行适当的调整,如合并或拆分岗位,重新分配职责等。

步骤3:持续监控各岗位的运作情况,收集员工和管理层的反馈。

步骤4:根据反馈和企业的发展需求,定期对岗位设计进行优化和改进。

岗位设计的变迁和发展

从历史上来看,岗位设计经历了如下变迁和发展:①按照专业化分工的原则设计岗位;②岗位扩大化;③岗位轮换;④岗位丰富化;⑤工作团队。

岗位设计的注意事项

1）注重人才储备。企业需要注重人才储备，建立健全的人才储备和培养机制，为企业的长远发展提供可靠的人力资源保障。

2）关注员工的职业发展。企业需要关注员工的职业发展和个人成长，为员工提供更多的培训和发展机会，增强员工的归属感和满意度。

3）定期评估和调整。企业需要定期对人力资源规划进行评估和调整，确保规划与企业战略和市场变化保持一致，并及时纠正和改进不足之处。

任务 2 人员招聘和员工培训

任务描述

熟悉人员招聘的流程，能够实施人员招聘；熟悉员工培训的流程，能够组织员工培训。

任务实施

1. 人员招聘

人员招聘

人员招聘是指企业或组织根据人力资源规划和工作分析的要求，通过科学的选拔方法和流程，寻找、吸引并聘用适合岗位要求的候选人的过程。其核心目标是以合理的成本，在合适的时间，为组织获取最匹配的人才，以满足业务发展需求。

步骤 1：制订员工招聘计划和录用政策。确定招聘的岗位、人数、时间和预算，明确招聘目标和步骤；制定公司标准的录用条件、薪酬待遇、试用期安排等，确保招聘过程的公平和规范。

步骤 2：落实招聘组织。组建招聘团队，确定负责招聘的人员，如 HR 经理、用人部门负责人等；明确各自职责，如简历筛选、面试安排、背景调查等。

步骤 3：确定人员招聘的方法与渠道。选择合适的招聘方式，如内部推荐、校园招聘、社会招聘等；选择发布招聘信息的渠道，如公司官网、招聘网站、社交媒体、猎头公司等。

招聘方式

1）内部招聘：内部晋升、岗位调动、内部推荐计划。

2）外部招聘：招聘网址、社交媒体招聘、猎头服务、校园招聘、招聘会。

步骤4：挑选和录用。根据岗位要求筛选合适的候选人简历，通过面试评估候选人的能力、经验以及和企业文化的契合度等，根据综合评估结果，确定最终录用人选。

简历挑选

挑选简历时需要注意：①岗位匹配；②相关经验；③成就和成果；④技能和证书；⑤教育背景；⑥职业发展；⑦简历的清晰度；⑧和企业文化的契合度。

步骤5：签订劳动合同。准备劳动合同，明确双方的权利和义务；与被录用者签订劳动合同，确定正式的劳动关系和入职日期。

步骤6：检查、评估及反馈。检查招聘的过程和结果，评估招聘的效率和质量，收集相关人员的反馈，分析招聘过程中存在的问题，并制定相应的改进措施。

人员招聘的原则

1）符合国家的有关法律法规和政策。

2）坚持公开、公平、竞争的原则。

3）遵循经济高效的原则。

4）人岗匹配的原则。

2.员工培训

根据公司的发展需求，制订员工培训计划并组织实施，以确保公司员工的稳步成长，促进组织效率的提高和组织目标的实现。

培训的目的

1）适应科学、技术发展的变化。

2）保持企业的竞争力。

3）形成共同的价值理念。

4）促进个人的发展。

步骤1：评估员工的培训需求。通过员工调查、绩效评估、业务目标分析等方式获取信息，识别技能差距和培训目标。明确培训的具体目标和预期成果，如提升员工技能、提高生产力、改进工作方法等。

步骤2：制订培训计划。确定培训的具体内容和主题，确保与培训需求和目标一致；选择合适的培训形式；规划培训的时间和周期，确保不影响正常的工作流程。

步骤3：选择培训资源。选择合适的培训师或培训机构，考虑其专业背景、经验和培训能力；准备或采购培训所需的教材、讲义、工具和资源。

步骤4：实施培训。预订培训场地或设置在线培训平台；确保培训所需的设备（如投影仪、计算机、音响等）齐全并正常运作；按照计划开展培训，确保培训内容的有效传达和互动；跟踪培训进度，解决培训过程中出现的问题。

培训的形式

1）脱产培训；2）在职培训；3）业余学习。

步骤5：评估培训效果。通过问卷调查、访谈等方式收集参加培训人员的反馈，了解培训的效果和满意度；评估培训是否达到了预期目标，分析培训的实际效果和对员工工作的影响。

培训效果的评估

培训效果评估是通过建立培训效果评估指标及评估体系，对培训的效果进行检查和评价。评估结果作为今后制订培训计划与培训需求分析的依据。

步骤6：跟踪与改进。提供培训后的支持和资源，帮助员工将培训内容应用到实际工作中；根据反馈和评估结果，调整和改进培训计划，以提高未来培训的效果。

职业生涯的发展阶段

成长阶段（出生~14岁）、探索阶段（15~24岁）、创立阶段（25~44岁）、维持阶段（45~60岁）、衰退阶段（60岁以上）。

职业生涯管理

职业生涯管理的内容：①个人自我分析；②组织对员工的能力和潜力的评估；③提供公平竞争的机会；④提供培训。

任务 3　绩效评价和薪酬管理

任务描述

能够对员工进行绩效考评,依据绩效结果制定薪酬管理方案,实现激励与公平兼顾。

任务实施

> **知识链接**
>
> **认识绩效和薪酬管理**
>
> 绩效就是工作任务在数量、质量和效率等方面的完成情况。绩效具有多因性、多维性、动态性的特点。
>
> 薪酬管理是指企业在经营目标的指导下,通过制定合理的薪酬福利制度,以实现人力资源管理目标的行为和过程。

步骤 1:制定绩效评价与薪酬管理的策略。确保绩效评价和薪酬管理策略与公司的整体战略和业务目标一致;设计与绩效挂钩的薪酬结构,包括基本工资、奖金、津贴等,并明确如何根据绩效调整薪酬。

> **知识链接**
>
> **绩效评价**
>
> 绩效评价是指组织根据既定的目标、标准和指标,对员工在一定时期内的工作行为、工作成果和综合表现进行系统评估的过程。其目的是全面了解员工绩效,为人力资源管理决策提供依据,促进员工的职业能力发展与组织战略目标的实现。

步骤 2:制定绩效评价制度。定义与薪酬相关的绩效指标和目标,确保它们是可衡量、可实现的,并与员工的工作职责相匹配;将绩效标准和薪酬激励方案清晰地传达给员工,使他们了解如何通过绩效表现影响薪酬。

> **知识链接**
>
> **绩效评价制度**
>
> 绩效评价制度是组织为了科学、公正地评估员工工作表现而建立的一整套管理体系。它包括评价标准、评价方法、评价流程、责任分工和结果运用机制,旨在通过量化或定性方式,系统衡量员工在一定时期内的工作成果与行为表现。

步骤3：根据绩效评价制度评估员工的工作成果和行为表现，精准识别员工的优势和劣势，促进员工的成长和进步。

绩效评价方法

1）目标管理法（MBO）：通过设定可量化的工作目标，评价员工是否达成目标。

2）关键绩效指标法（KPI）：根据岗位职责提炼关键绩效指标，对照指标完成情况打分。

3）360度评价法：综合来自上级、同事、下属、自评等多方反馈，形成全面评价。

4）行为锚定等级评价法（BARS）：将行为表现与绩效等级挂钩，设定具体行为标准进行评分。

5）评分量表法（等级评定法）：对员工在各项能力或绩效指标上按等级（如1~5分）进行打分。

6）强制分布法：要求按照一定比例将员工分为优秀、良好、中等各种等级。

7）工作成果法（成果评价法）：依据员工的实际产出或成果进行评定。

步骤4：薪酬调整。根据绩效评价结果决定薪酬调整，包括基本工资、奖金等；确保薪酬调整的公平性和一致性，避免因个人偏见或其他因素影响薪酬决策。

步骤5：绩效反馈。与员工沟通薪酬调整的决定，解释调整的依据和与绩效表现的关系；确保员工理解薪酬调整的理由和对未来薪酬的期望，以促进员工的积极性和满意度。

绩效反馈

在绩效反馈会议中，管理者应掌握有效的沟通技巧，提供建设性意见，帮助员工理解并改进。在薪酬调整的沟通过程中，要特别注意员工的感受，避免因沟通不当引发负面情绪或误解。

步骤6：实施薪酬调整。按计划实施薪酬调整，确保薪酬变动在工资系统中得到及时更新。

步骤7：跟踪和评估。监控薪酬调整对员工表现和团队动力的影响，评估是否达到了预期的激励效果；收集员工对薪酬调整的反馈，了解他们的满意度和意见。

步骤8：持续改进。定期评估绩效评价和薪酬管理的整体流程，识别改进机会；根据评估结果对绩效评价和薪酬管理策略进行调整，以提升激励效果和员工满意度。

> **知识链接**
>
> **绩效评价与薪酬管理结合**
>
> 在将绩效评价与薪酬管理结合时,需要注意以下几个关键事项:
>
> 1)公平性与透明度:避免偏见、透明沟通。
>
> 2)标准化与一致性:对所有参与评价的管理者进行培训,确保他们理解并应用相同的标准和方法进行评估。
>
> 3)绩效指标的合理性:相关性、可衡量性。
>
> 4)长期与短期平衡:平衡短期奖金与长期发展奖励,鼓励员工通过绩效提升获得薪酬增长,同时也要关注他们的长期职业发展。
>
> 5)员工参与和反馈:允许员工在绩效评价中进行自我评价,建立开放的反馈渠道,及时处理员工对绩效评价和薪酬调整的疑问或不满。
>
> 6)关注员工的满意度和激励:定期评估薪酬管理与绩效评价的激励效果,确保其能够真正提高员工的积极性和工作绩效;避免因过于严格的绩效标准或不合理的薪酬差距引发员工的挫败感或不满情绪。

实训　进行人力资源管理

实训要求:

某创新科技公司计划拓展业务,急需招聘一名前端开发工程师。公司在行业内有一定知名度,但项目周期紧张,对新员工的入职时间和能力要求较高。假定你是该公司的人力资源经理,你该如何进行人员招聘、培训、绩效评价和薪酬管理?请设计出具体的方案。

实训提示:

按招聘、培训、绩效管理的顺序完成实训任务。具体流程是:岗位需求分析—员工招聘—员工培训—绩效考核—薪酬管理。

项目 12　实训记录表

项目名称	进行人力资源管理	日期	
班级		姓名（学号）	
岗位需求分析 （文字描述）			
员工招聘 （文字描述）			
员工培训 （文字描述）			
绩效考核 （文字描述）			
薪酬管理 （文字描述）			

项目 12　实训评价表

项目名称	进行人力资源管理	日期	
班级		姓名（学号）	
评价指标	评价要素	分值	分数评定
岗位需求分析	能够进行岗位需求分析，确定岗位缺口	10	
进行员工招聘	1. 能够根据人员需求分析制订出适合的招聘计划 2. 招聘方式的选择是否符合实际要求 3. 招聘流程是否清晰	30	
组织员工培训	1. 培训方式的选择是否合理 2. 组织员工培训的流程是否明晰 3. 是否能够有效地进行员工培训	20	
绩效考核	1. 制定的绩效考核方案及指标是否合理、适宜 2. 选择的绩效考核方法是否有效 3. 是否清楚绩效考核的流程和体现注意事项	20	
薪酬管理	1. 绩效考核和薪酬的结合是否合理 2. 能否掌握和员工进行薪酬调整沟通的技巧 3. 薪酬制度是否合理	20	
得分			
实训自评与总结思考			

参考文献

［1］陈鹏．职业启蒙教育学［M］．北京：知识产权出版社，2019．

［2］陈梅，高洁，唐伟．个人与团队管理［M］．北京：机械工业出版社，2023．

［3］蔡顺峰．门店布局与商品陈列［M］．2版．北京：高等教育出版社，2018．

［4］于坤林，施德江，许为．无人机技术基础与技能训练［M］．北京：机械工业出版社，2020．

［5］容莉．餐饮企业采购业务实战指南［M］．北京：化学工业出版社，2019．